梁啓超哲言錄

——給覺醒的中國

顧則徐 著

序言

梁啟超（一八七三——一九二九年）的壽命即使在百年前的中國，也不算長，未能越過那個時代可以稱為高齡了的一個甲子的坎，只有五十七歲。他這一在今天可以認為是早逝的生命所建立的成就，即使百歲之人也難能做到，可說是古今一人而已。

從大的主要方面來說，梁啟超是政治家、言論家、學術家。從康梁維新到推動中國參加第一次世界大戰，中國主要的政治運動和大事件，幾乎無不有梁啟超活躍的身影，或者是最主要的政治領袖，或者是主要的政治領袖之一，即使一九一九年「五四」運動之後，儘管他努力專注於學術和教學，實際也仍然是中國一股重要政治力量的靈魂。作為言論家，梁啟超是中國新聞事業興起時代最卓越的代表，而在言論本身，形式上他是個偉大的文章家，內容上他是個偉大的意見領袖。在學術方面，梁啟超是中國經學演變史中一個卓越的代表人物，又是中國新學最重要的奠基人，所涉足學科範圍之廣，囊括了哲學社會科學及人文領域的所有主要學科，今天中國諸多學科的學術倘求完整、完美，就根本無法繞過作為奠基人的梁啟超。不僅如此，其他比如梁啟超是中國現代教育的開創者，是一個卓越的教育家；他是中國古典文學向新文學過渡時期的重要作家，是新文學文學理論的奠基人，還是初期白話運動的重要推動者；他是個書法理論家和書法家；他甚至是中國新音樂的主要倡導者；等等。

跨度如此之大、成就如此之豐的人物，今天已經難有人可以一人之力對其進行全面、詳細的研究。梁啟超去世後，關於他的研究，主要是翻印、整理他的著作，進行回憶和為他作傳記、年譜，但即使是對他著述的整理，也是遠不能達到完善，連一部真正可以稱為全集的善本還不能做到。梁啟超生前特別託付、由其好友林志鈞編審定稿的《飲冰室合集》，至今還是梁啟超最好的著述集。北京出版社於一九九九年出版過一套《梁啟超全集》，不僅並不完整，且十分粗疏，編審者連斷句、標點的漢語言功課也沒有過關。中國內地一九四九年後，對梁啟超思想進行了涉足，這是因為當局需要用自己的意識形態全面取代人類及以往中國的精神成就，自然不能少了對梁啟超的批判，但這種批判不過就是粗暴地冠以改良主義、資產階級乃至封建地主階級的帽子而已，僅只十分有限的史料價值，根本談不上是嚴肅的研究。當然，在臺灣戒嚴時期，由於梁啟超與孫中山革命黨之間複雜的歷史性關係，對梁啟超的研究也很難深入。海內外對梁啟超的研究，嚴格說來，是得益於中國內地意識形態鬆動和臺灣告別戒嚴，也即近三十年左右。一當人們以比較公正的態度回過頭來看熟悉而陌生的百年前的梁啟超，有如發現了一個充滿了寶藏的新大陸，從而形成了一股正方興未艾的梁啟超熱。我以為無論從梁啟超本身的資源豐富性來說，還是從目前梁啟超研究的勢頭而言，都可以稱之為了「梁學」。

「梁學」最重要的價值在兩個層面：一在義理層面，一在歷史層面。所謂義理，核心就是哲學精神。梁啟超一生的學術和思想，實際是試圖做成兩件事情，一是將中國以經學為主幹的義理及諸子學說、佛學精神，與西方哲學思想進行融合，二是試圖完成以中國史為主材料、兼以世界史的歷史哲學框架。這兩件事梁啟超都沒有完成，但已經做了大量鋪墊，並有了很多節點上的突破。中學、西學，終究是各有源流，可見的將來也不可能歸為一學，但無論中學、西學或其他學，終究要完成內核上的嵌合，以豐滿普世之人類精神，也即內在精神歸一，而源流枝節旁生。所謂歷史，不是指歷史學，而是中國社會如何完成歷史的轉型問題。百年前中國社會進行了轉型，今天中國社會再次處於轉型過程當中，即使臺灣已經轉型，也還有著如何深化、鞏固、前趨的問題，今天的中國實在要從百年前的轉型中吸取太多的東西，以免有再次輪迴的悲劇。

梁啟超人生活動極其複雜，其思想又非常龐雜，很難用一本書搞清楚他的人生活動，也很難用一本書搞清楚他的思想學術。梁啟超的言論、思想，很重要的一個內容是庸言。所謂庸言，就是中等程度的人能夠理解的言論，中等程度在清末、民初屬於相當於秀才、中學程度知識層次的人，甚至可以低到有了基本閱讀能力的人，也即大多數受過教育的人口，當然，如果讀梁啟超的原文，今天受過大學教育的很多人也已經不能夠流暢閱讀。但是，瞭解梁啟超的思想，畢竟從其庸言入手是比較容易的。梁啟超的庸言極多，只能選粹部分，編選成集，稱為「哲言錄」，再加以注釋、解說，以便今人理解、受用。

所謂「哲言錄」，也即語錄，以「哲言」稱之，是突出其切合一般社會經驗、人生經驗和理性思維的哲理性。語錄是中國文體和書籍體例的一種古老形式，孔子的《論語》就是中國最早的一冊語錄，由他的弟子甚至可能還有弟子的弟子，記錄其言論（包括一些行為、活動）彙輯而成。由於語錄簡潔易讀，且通常富有哲理性，所以自《論語》後即大受歡迎，清末以後更是濫觴。梁啟超的弟子蔡鍔一九一一年所編撰的《曾胡治兵語錄》，是中國清末以來最重要的軍事學著作之一，在他病逝後被一再翻印，有點文化的軍人幾乎可說無不要習讀。中國內地「文革」時代，毛澤東的語錄稱為紅寶書，連文盲也要準備，要裝模作樣閱讀，手揮《毛主席語錄》，胸佩毛澤東的像章，就像滿清時候中國人甩馬蹄袖和辮子一樣，成了識別中國內地人的形象符號。中國內地「文革」時代紅寶書現象誠然荒唐，但也確實印證了語錄的大眾性，印證了其庸言性。所以，選粹梁啟超之哲言，編輯而為語錄，實在是令今人有所瞭解他思想、有利一己人生的便捷法門。

滬上顧則徐於二〇一二年十月二十二日自序

梁啟超哲言錄——給覺醒的中國

目次 7

第一篇：變法、變革

一

「法何以必變？凡在天地之間者，莫不變。晝夜變而成日，寒暑變而成歲。大地肇起，流質炎炎，熱鎔冰遷，累變而成地球。海草螺蛤，大木大鳥，飛魚飛鼉，袋獸脊獸，彼此生滅，更代迭變，而成世界。紫血紅血，流注體內，呼炭吸養，刻刻相續，一日千變，而成生人。藉日不變，則天地人類，並時而息矣。故夫變者，古今公理也。」——《變法通議・自序》

法 國家的法律制度和政治制度。

變 即變化、變革。

歲 年。

肇起 剛發生時候。

流質炎炎，熱鎔冰遷 指的是地質學現象。流動的物質燃燒著，火山噴發，冰期變遷。

飛魚飛鼉，袋獸脊獸 鼉，tuó／ㄊㄨㄛˊ，一種背部、尾部均有鱗甲的大型爬行動物，即揚子鱷，此處泛指古生物學中的大型爬行動物。袋獸，生物學中的科屬，梁啟超在此處泛指有袋類大型脊椎動物，曾在地球上非常繁盛，所以與通常所理解的脊獸並稱。脊獸，即脊椎類動物。

更代 指地質年代的更替。地質年代由地質學和古生物學綜合劃分，大的方面分太古、元古、古生、中生、新生五代。

籍 通「借」，如籍口與藉口，都是假託的意思。此處意思相當於假如、假設等。

呼炭吸養 人的呼吸，呼出二氧化碳，吸入氧氣。炭，指二氧化碳。養，指氧氣。

生人 活著的人。

梁啟超認為國家法律制度和政治制度不能一成不變，其變化、變革是必然的，因為「凡在天地之間者，莫不變」，世界就是不斷變化著的，國家法律制度和政治制度自然不能例外。白天、黑夜的交替變化而有了每一日，寒冬、酷暑的交替變化而有了每一年。當大地剛出現時候，流動的物質都是燃燒著，經過火山噴發和一次次冰期的變遷，才變成了今天的地球。在生物學上的演化也一樣，是經過長期變化的，很早世代地球上占統治的物種是海草螺蛤類水生植物和貝類物種，樹木都非常高大，鳥也是龐然大物，到處是會飛的魚類和鼉類爬行動物，占統治的袋類動物後來才被今天所常見的脊椎動物取代。我們人的生命依靠的是血液不斷在身體裏流動，呼出二氧化碳，吸入氧氣，一刻也不能停頓。假如世界只有一天不發生變化，天地人類也就一下子死亡、消失了。所以，變化、變革是自古以來的公理。梁啟超通過地質學和生物學等科學理論，證明「凡在天地之間者，莫不變」，把變上升到哲學高度，從而證明國家法律制度和政治制度也必須要變，不然就違背「古今公理」，結果只會是「並時而息」。

二

「法者天下之公器也，變者天下之公理也。大地既通，萬國蒸蒸，日趨於上，大勢相迫，非可閼制。變亦變，不變亦變。變而變者，變之權操諸己，可以保國，可以保種，可以保教。不變而變者，變之權讓諸人，束縛之，馳驟之。嗚呼，則非吾之所敢言矣。」——《變法通議・論不變法之害》

大地既通　指地理大發現後全世界交通體系的建立和貫通。

閼制　即遏止。閼，ㄜˋ／ㄜˋ，意為壅塞。

蒸蒸　即蒸蒸日上，像蒸氣一樣升騰。

馳驟　即驅使。

梁啟超認為國家法律制度和政治制度不是私有物，而是「天下之公器」，即屬於全國人民，發生變化和進行變革是符合「天下之公理」的。就中國而言，當地理大發現以後，全世界都發生了緊密的聯繫和溝通，世界所有的國家——萬國——都蒸蒸日上，不斷進步，在這樣一種世界大趨勢下，沒有人可以遏止中國的變法。梁啟超指出，中國變也要變，不變也要變，這是絕對的趨勢。如果認識到變這個公理而主動進行變法，國家就可以掌握變革的主動權，可以保住國家不亡，可以保住民族的獨立性，可以保住中國固有的信仰和文化；如果自己不變法，最終只會由外來力量迫使中國進行變革，那麼，進行變法的主動權將掌握在別人手裏，中國將被別人束縛起來，人民將被外來侵略者任意驅使。梁啟超說，失去主動權的變，對於中國將會導致怎樣的命運，「非吾之所敢言矣」，其糟糕的後果是無法想像的。

「變亦變，不變亦變」，這是梁啟超根據世界「大勢」，吶喊出的時代強音，也是歷史性的真理。當然，還身處於世界殖民主義時代的梁啟超，並不能夠想像到外來力量所迫使的變革也可能是良性的，比如第二次世界大戰之後由佔領者麥克亞瑟所驅使變革的日本便是典型。在這一點上，梁啟超比之同時代的譚嗣同要膚淺。譚嗣同對於外來的先進國家的侵略，則看到了推動中國進步的一面，他認為「東西各國之壓制中國，天實使之，所以曲用其仁愛，至於極致也」（譚嗣同：《仁學》），也即西方和日本的侵略存在著迫使中國進行變革、進步的「仁愛」一面，只不過這種「仁愛」是通過不仁愛的方式實行，是仁愛的「曲用」而已。但是，譚嗣同的這一極其深刻的思想即使在二十一世紀的今天，恐怕也難以為大多數中國人所理解和接受，作為促動中國變革的行動理論並不可行，甚至會成為導致改革者失去人心的把柄。梁啟超與譚嗣同都注意到了自己主動變革和外力強迫變革兩個方面，都是「變亦變，不變亦變」，梁啟超的變革思想作為行動理論則無懈可擊，沒有把柄可抓，譚嗣同的變革思想則更為深刻。

三

「政無所謂中西也。列國並立，不能無約束，於是乎有公法。土地人民需人而治，於是乎有官治。民無恆產則國不可理，於是乎有農政、礦政、工商政。逸居無教，近於禽獸，於是乎有學校。官民相處，秀莠匪一，於是乎有律例。各相猜忌，各相保護，於是乎有兵政。此古今中外之所同，有國者之通義也。」——《西政叢書敘》

政　指政治體制和制度。

公法　指國際公法，也即國際法。

逸居　散逸的居住。

秀莠匪一　即良莠不齊，好人、壞人雜在一起。莠，yǒu／ㄧㄡˋ，莠草，俗稱狗尾巴草。秀莠，即良莠，喻好的人和不好的人。匪，即非。

梁啟超認為，基本的政治體制和制度不存在中、西之分。無論中、西，國家之間需要有公法，國土、人民需要有官僚制度進行管理，國民經濟需要建立相應的政府管理制度，人民散居需要由政府建立學校教育制度，社會需要有法律制度，國家需要建立軍事制度，這些都沒有中、西區別，是「古今中外之所同，有國者之通義」。「政無所謂中西」這樣一句話，所包涵的智慧是極其豐富的，在中國，從明朝末接觸西學之後到梁啟超得出這個結論，中國人花了三百年左右的時間。梁啟超十七歲作為舉人而拜落第的康有為為師，從康有為那裏接觸到大同思想，經過自己的研究和思考，進行了非常重要的發揮。梁啟超認為，據亂世、升平世、太平世社會發展三階段規則，不僅屬於中國，更是屬於人類的，既然如此，人類社會就有著共同的精神和規則，中國並不能例外。雖然中、西歷史各有特點，但是，在根本上都有著共同的發展規律，沒有中、西區別。西方已經走在中國前面，處於從升平世向太平世進化的階段，這代表著人類的普遍方向，中國要不亡國，就必須跟上歷史進程。如果考慮到中國內地存在著仍然否定普世價值和以所謂「中國特色」否定人類歷史潮流的蒙昧思潮，梁啟超「政無所謂中西」的論斷，實在是非常偉大的智慧。

四

「不能創法，非聖人也。不能隨時，非聖人也。」——《變法通議・論不變法之害》

創法　創造新的法則。

聖人　有大智大德之人。

隨時　隨時勢而應變。

拒絕變法的人士自然也有很多理由，無論怎麼的理由，都不會缺一條，即聲言目前的體制和制度是由前人中的「聖人」所制定，後人不是聖人，當然就不能給予改變。針對這一理由，梁啟超對聖人這一概念給予了重新界定。他從中國歷史上的制度變遷中證明，所謂聖人既是能夠創造新法的人，也是能夠適應時勢的人，因此，聖人本身就是歷史性的，後來的聖人不斷對以前的聖人所創立的制度進行著改變，也即聖人正是根據新的時勢創立了新法，不然，就不是聖人。既然如此，那麼，能夠隨時創法的人，就是聖人，不能夠隨時創法的人就不是聖人。聖人在根據歷史的進程而改變，他們所創的法也可以隨之改變，死守前人的教條，恰恰是違背了聖人的性質。從駁論的角度，作為中國最早注意和研究論理學的梁啟超，這一論斷具有著強大的雄辯力，其中內涵著兩層邏輯意思：不能隨時創法就不是聖人，保守人士不能隨時創法，因此，保守人士不是聖人，沒有資格對隨時創法進行非議；聖人是隨時創法的，保守人士不主張隨時創法，因此，保守人士就否定了他們所忠信的聖人，沒有資格用聖人的名義非議隨時創法。

五

「事事皆有相應而至之端，而萬事皆出於同一本原之地。不挈其領而握其樞，猶治絲而棼之，故百舉而無一效也。」——《變法通議・論變法不知本原之害》

相應　應，接應，對待。相應，即相互對應，相互聯繫。

至之端　端，頂端，引申為根由、原因。至之端，即達到和導致的根由。

挈其領　即提綱挈領。

樞　樞紐，中樞。

治絲而棼之　整理亂絲而使用棼燒的辦法，意指採取錯誤的方法。

梁啟超認為，所有的事情互相都有一定的對應、聯繫，都有其導致的原因，但是，他們並不是雜亂無章的，都會有一個同一的總原因，也即「本原之地」。處理事情，一定要提綱挈領，掌握其中樞關鍵，不這樣的話，就好像用火燒的辦法去整理亂絲，哪怕採取了很多措施、辦法，也不會有一點效果。梁啟超這是就進行變法而言的，但這也是處理事務應該懂得的基本道理。僅就變法來說，梁啟超無論在戊戌變法之前，還是之後，都強調必須抓住「本原」著手。戊戌變法失敗後，流亡日本的梁啟超在他的《戊戌政變記》中總結說：「國家之所賴以成立者，其質甚繁，故政治之體段亦甚複雜，枝節之中有根幹焉，根幹之中又有總根幹焉，互為原因，互為結果。故言變法者將欲變甲，必先變乙，及其變乙，又當先變丙，如是相引，以致無窮。而要之非全體並舉，合力齊作，則必不能有功，而徒增其弊。」要全體並舉，合力齊作，就必須從根幹之中找出總根幹，也即找出本原，從本原著手。實際上，在鴉片戰爭被侵略後，中國並非不願意變革，洋務運動（自強運動）正是一種變革，但這種變革僅僅願意變革某個方面，而不願意變革國家、社會的根本，從而，即使暫時能夠獲得一點成就，甚至是為世界所驚歎的成就，其最終結果只能是歸於失敗。從洋務運動至今，中國人的變革聲音不可謂不喧鬧，改了將近一個半世紀，除了在今天的臺灣獲得了基本成功外，可說是失敗了再改，改了再失敗。究其原因，乃是兩點：一是如孫中山那樣總是想要中國獨闢蹊徑，放著先進國家已經開闢的康莊大道不走，結果不是繞大彎就是走進死胡同；二是如洋務運動乃至今天中國內地那樣不願意觸及根本，結果越改越接近崩潰、動亂邊緣。要而言之，兩點都是一個本原問題，獨闢蹊徑的目標誠然符合變革本原要求，但實際還是不願意現實地直指本原，或者是過於現實、陷入現實泥潭而忘卻本原變革。臺灣之成功，乃是終於清醒過來，放棄了軍政、訓政的奇思異想，直指本原，誠然在雨中淋漓，卻是清晨之雨，卻是朝陽磅礡而出。

六

「腐敗之社會，決不能有健全之政府；健全之社會，亦決不容有腐敗之政府。」

——〈國家運命論〉

梁啟超認為政府中的官員實際也是社會中的一分子，「政府之為物，則社會之所產出者也」（〈國家運命論〉）。既然有這樣一個前提，社會就構成為了政府的基礎。因此，社會腐敗，政府自然就不會健全；社會健全，就不會容忍腐敗政府存在。所以，梁啟超認為，改造政府也應該改造社會，而改造社會則應該從我們每一個人自身做起，因為社會正是由一個個人組成的。他認為從個人而言，力量很小，「今欲責政府以健全，吾誠無術矣。社會欲自求健全，則其權豈不在社會耶？欲使全社會遽進於健全，則吾誠無術矣。欲使吾自己為社會中一健全分子，則其權豈不在我耶？」（〈國家運命論〉）個人誠然沒有力量使政府健全，沒有力量使社會健全，但使自己成為社會中一名健全分子，則可以取決於自己。如果每個人都能夠使自己成為健全分子，那麼，社會自然也就健全了起來；社會健全了，就不會容納腐敗的政府，政府最終也就健全了起來。

七

「改革者以實不以文，以全不以偏，以決斷不以優柔。苟文而不實，偏而不全，優柔焉而不斷，則未有不為大亂之階者也。」——〈敬告當道者〉

優柔　猶豫不決。
階　階梯，臺階。
實　實際，實在。
文　文飾，表面的形式。
偏　偏頗，局部。

進行改革的人要講究實際，採取實實在在的措施，不能追求形式主義的表面文章；要改就一定要全面改，忌諱偏頗，只改革局部；一定要有決斷，不能猶豫不決，優柔寡斷。不然，所謂的改革，反而會成為導致大混亂的階梯。這是親身經歷洋務運動和戊戌變法的梁啟超的經驗之談，包涵著深刻的教訓和體會。義和拳運動後，慈禧太后轉向了進行改革，在海外的梁啟超將自己這一經驗告訴清朝當局，希望他們能夠吸取以往的教訓。以實不以文，以全不以偏，以決斷不以優柔，可視之為梁啟超給改革者總結出的三點策略原則。失敗的改革，必然是文而不實，偏而不全，優柔而不斷，最終的結果則是導致大亂。文而不實，一是說改革不切實際，二是說只制定政策而不落實，把功夫花在漂亮的字面上。偏而不全，是說改革者不知道「事事皆有相應而至之端」（《變法通議・論變法不知本原之害》），割裂事物之間必然的聯繫，只改局部，忘記整體的改革。優柔而不斷，是說改革有一定的機遇，在機遇中不決斷，過了機遇再改不僅更困難，而且會失去作用。作為戊戌變法的主要領袖之一，當清朝末滿清政府進行改革後，梁啟超理應高興，但他在關注具體的改革進程和措施後，十分沉痛，越來越失望，稱之為「偽立憲」等，並判斷滿清將維持不了幾年，梁啟超重要的依據就是從「文而不實，偏而不全，優柔焉而不斷」下的定論。

八

「革命之義有廣狹，其最廣義，則社會上一切無形、有形之事物所生之大變動皆是也；其次廣義，則政治上之異動與前此劃然成一新時代者，無論以平和得之、以鐵血得之皆是也；其狹義，則專以兵力向於中央政府者是也。吾中國數千年來，惟有狹義的革命，今之持極端革命論者，惟心醉狹義的革命。」——〈中國歷史上之革命研究〉

關於革命，梁啟超有專門的〈釋「革」〉一文，〈中國歷史上之革命研究〉是又一篇專門的研究文章，在其他著述中也有一系列的談論和闡述。梁啟超對革命範疇的全部解釋，都以〈釋「革」〉中這段話為基礎：「革也者，天演界中不可逃避之公例也。凡物適於外境者存，不適於外境者滅。一存一滅之間，學者謂之淘汰。淘汰復有兩種，曰『天然淘汰』，曰『人事淘汰』。天然淘汰者，以始終不適之故，為外風潮所旋擊，自澌自斃而莫能救者也。

人事淘汰者，深察我之有不適焉者，從而易之使底於適，而因以自存者也。人事淘汰，即革之義也。」所謂人事淘汰，也就是一個社會體系內部的人為行動，以使所在社會體系主動擺脫舊的形態，而演化為適合於外部生存環境的新的形態。梁啟超認為，這就是革命。正是在這個基礎上，他把革命分為了最廣義、廣義和狹義三個層次。最廣義的革命涉及廣泛的領域，「夫淘汰也，變革也，豈惟政治上為然耳，凡群治中一切萬事萬物莫不有焉。以日人之譯名言之，則宗教有宗教之革命，道德有道德之革命，學術有學術之革命，文學有文學之革命，風俗有風俗之革命，產業有產業之革命。即今日中國新學小生之恆言，固有所謂經學革命、史學革命、文學界革命、詩界革命、小說界革命、音樂界革命、文字革命，等等種種名詞矣。若此者，豈嘗與朝廷政府有毫髮之關係，而皆不得不謂之革命，聞革命二字則駭，而不知其本義實變革而已。」（〈中國歷史上之革命研究〉）廣義的革命則屬於政治革命，可能是和平的，也可能是暴力的。狹義的革命則是以獲取政權為主要目標的暴力革命。

關於革命的這種界定，梁啟超的理論是最被後人曲解的，但至今來說是中國最為完善的革命觀。正是從這一界定出發，梁啟超最為注重的是最廣義層次的革命，政治領域則主張對滿清實行和平的政治革命，但不排斥暴力——鐵血，甚至也不絕對排斥僅僅以奪取政權為目標的狹義的革命。他認為和平的革命——立憲改良，與暴力革命是互相倚重的關係，辛亥革命是立憲派和革命黨兩股力量共同努力的結果。正是根據自己的革命理論，他在辛亥革命之後，從狹義的革命角度，把自己所代表的立憲派稱為半革命派，一九二一年在題為〈辛亥革命之意義與十年雙十節之樂觀〉的演說中又稱：「當光緒宣統之間，全國有知識有血性的人，可算沒有一個不是革命黨。」

九

「革命黨何以生？生於政治腐敗。政治腐敗者，實製造革命黨原料之主品也。政治不從人民之所欲惡，不能為人民捍患而開利，則人民於權利上得起而革之，且於義務上不可不起而革之。」——〈現政府與革命黨〉

欲惡　相當於好惡。欲，即需要，希望得到的。惡，不喜歡的，厭惡的。

開利　開拓、拓展利益。

捍患　抵禦災禍。捍，抵禦，防衛。患，憂慮，災禍。

梁啟超認為，革命黨之所以發生，並不是能夠由個別革命領袖所鼓動起來的，根本的原因在於政治腐敗，政治腐敗才是製造革命的原料。當政治不能順應民心，不能為人民抵禦災禍，拓展利益，那麼，人民不僅有權利起來革命，而且也有義務起來進行革命。梁啟超不僅指出了革命發生的原因，而且指出了人民面對嚴重政治腐敗時候，擁有革命的權利和義務。

十

「各國改革之業，其主動力者恆在中等社會。蓋上等社會之人，皆憑籍舊弊以為衣食，勢使然也。下等社會之人，其學識乏，其資財乏，其閱歷乏，往往輕躁以取敗，一敗矣即不能復振。故惟中等社會為一國進步之機鍵焉。」——《雅典小史》

舊弊　原有的弊端。

輕躁　輕率浮躁。

勢使然也　客觀情況使他們如此。勢，客觀的狀態。

敗　毀壞，破壞。

機鍵　關鍵。

中等社會，也即相當於中產階級。當代思想界已經普遍認識到，中產階級是社會穩定的關鍵性因素。在這一點上，百年前的梁啟超已經有深刻認識。他不僅認為中等社會決定了社會的穩定，更認為社會的變革形態和走向，與一個國家中等社會的發達程度有著密切關係。

他認為，上等社會「皆憑籍舊弊以為衣食」，也即是舊體制、舊制度的既得利益者，這一客觀情況使他們缺乏進行社會變革的動力。下等社會──也即底層社會──受教育程度低，見識少，沒有多少私人財產，有社會變革的動力，但輕躁冒進，容易走極端，對社會造成巨大破壞，從而使國家難以恢復元氣。所以，社會變革只有依靠中等社會才既有一定動力，又能夠達到良性。梁啟超非常睿智的地方還在於，他根據中國的實際，將中等社會定義為有業階層，也即有正當、穩定職業的人口，這是比之今天從西方機械引進的中產階級理念更恰當的地方，更具有社會的包容性、拓展性和廣泛性。

梁啟超不絕對排斥激進的暴力革命，但始終對此持有謹慎的態度，十分顧慮於這種革命不是依靠中等社會為中堅，從而導致社會嚴重破壞，只有破壞而沒有建設。辛亥革命本身的過程便是梁啟超這一觀點的最好注腳。由於辛亥革命得到了社會地位、知識程度較高的立憲派各種方式的廣泛支援和參與，所以，在進行革命的階段本身在世界革命史上，屬於暴力程度非常之低的一場偉大的革命，但進入到獲取政權後的權力分配階段，則發生了幾乎無休止的暴力。一九一三年「二次革命」失敗後，李烈鈞在跟陳其美爭吵責任時憤怒地說：「辛亥之後，同盟會有些老同志利慾薰心，都想做都督，一時鬧出了無數的野雞都督，趾高氣揚，自由行動，不受黨的約束。」（程潛：〈護國之役前後回憶〉。中國人民政治協商會議文史資料委員會編：《文史資料選輯第四十八輯》）李烈鈞只是看到了表象，他自己雖然是個優秀的革命者，但實際也是製造動亂的都督之一，這並不是「有些老同志」的問題，而根源於同盟會走會黨等底層路線的革命，這種社會底層的革命誠然比較容易發動並獲得成功，但也更容易失控而走向暴力的迴圈。

在譚人鳳等人引導下進入會黨組織並參加辛亥革命的同盟會員陳浴新晚年回憶湖南的革命時說：「會黨進行反清排滿活動，是從單純的種族革命和狹隘的復仇情緒出發的，沒有正確的政治方向和完整的政治綱領（當時也沒有一個堅強的、正確的革命政黨來領導他們）。他們的思想很不健康，行動相當幼稚。如萍、瀏、醴地區起義時，在會黨的心目中，只有一個『爛』字，爛得越大越好；至於爛了以後怎麼辦，他們是沒有考慮的；對於他們個人來說，爛到最後，不過殺掉腦袋，也只是碗大一個疤而已。由於缺乏正確的思想指導，所以到了辛亥革命勝利以後，他們中間就有很多的人走上了歪路，逐漸蛻化變質。在長沙起義以後的一個短時間內，進出都督府（焦達峰任內）的人，車水馬龍，熙熙攘攘，吃大鍋飯，要求安置，都督忙於應接，幾至無暇治。他們以為起義成功，就百事大吉了，根本沒有想到如何鞏固革命成果和進行建設的問題。衡陽以南各屬會黨更是風起雲湧，得意洋洋，認為『焦大哥作了都督，今天是我們洪門的天下了』。他們就是這樣庸俗地看待革命的。因此各地的流氓、痞棍就乘機假冒會黨之名，破壞社會秩序，為人詬病。」（陳浴新：〈湖南會黨與辛亥革命〉。中國人民政治協商會議文史資料委員會編：《文史資料選輯第三十四輯》）一個「爛」字，實在是描述底層社會革命手段、目的等整個方式的點睛之詞，但作為參與者的陳浴新把根源歸結為「沒有正確的政治方向和完整的政治綱領」、「沒有一個堅強的、正確的革命政黨」，不過是跟李烈鈞一樣只是看到表象。在晚年陳浴新眼睛中的中共革命是不存在這樣缺陷的，實在是大誤。實際上中共一九四九年獲取中國大陸政權後，儘管沒有軍閥和土匪的混戰，但既然中共走的是比同盟會、孫中山國民黨更底層、更廣泛的革命道路，就不可能擺脫梁啟超所指出的中等社會革命與下等社會革命相區別的規則，僅僅一九四九年後的三十年裏，中國大陸因為非戰爭的暴力和類暴力人禍，而導致的非正常死亡人口數，可能遠遠超過了一九一二—一九四八年的內戰、匪亂及抗戰死亡總人口數。

十一

「凡改革之事，必除舊與布新兩者之用力相等，然後可有效也。苟不無除舊而言布新，其勢必將舊政之積弊，悉移而納於新政之中，而新政反增其害矣。」——《戊戌政變記・政變原因答客難》

悉　全部。

戊戌變法有一個重要特徵，在短期內發佈了大量新政措施，但由於光緒皇帝無力對付保守勢力，舊的體制並沒有給予更替，從而導致「雙軌制」情況出現，而新政也大多只是流於形式，甚至只是一紙空文。作為主要領袖之一的梁啟超進行總結，對此無疑是有著刻骨銘心感受的。改革之所以是改革，當然就是佈新，也即制定和採取新的制度、政策，但是，如果不除舊，舊的體制和制度仍然給予保存，那麼，不僅新政難以發揮出效應，而且「勢必將舊政之積弊，悉移而納於新政之中」，舊政的弊端在新政中得以維持，在新政的名義下繼續發生破壞性效應，從而導致新政受到嚴重損害。除舊與布新誠然具有一致性，但在實際的改革過程中，主要來說顯示出的是它們的矛盾性、衝突性。布新需要除舊，但未必能夠除舊，如果不能夠除舊，做不到「除舊與布新兩者之用力相等」，也即做不到除舊與布新平衡展開，新政不僅難以產生正面的效果，更會走向失敗。

十二

「中國欲振興實業，其道何由？曰：首須確定立憲政體，舉法治國之實，使國民咸安習於法律狀態；次則立教育方針，養成國民公德，使責任心日以發達；次則將企業必需之機關，一一整備之無使缺；次則用種種方法，隨時掖進國民企業能力。四者有一不舉，而嘵嘵然言振興實業，皆夢囈之言也。然養公德、整機關、獎能力之三事，皆非借善良之政治不能為功，故前一事又後三事之母也。昔有人問拿破崙以戰勝之術，拿破崙答之：一則曰金，二則曰金，三則亦曰金。試有人問我以中國振興實業之第一義從何下手，吾必答曰改良政治組織；然則第二義從何下手，吾亦答曰改良政治組織；然則第三義從何下手，吾必惟答曰改良政治組織。蓋政治組織誠能改良，則一切應舉者自相次畢舉；政治組織不能改良，則多舉一事即多叢一弊，與其舉也，不如其廢之也。然則所謂改良政治組織者奈何？曰：國會而已，責任內閣而已矣。」——〈敬告國中之談實業者〉

嘵嘵然　吵吵嚷嚷、嘮叨的樣子。嘵嘵，xiǎo xiǎo／ㄒㄧㄠˇ ㄒㄧㄠˇ。

畢　完全，全部。

叢　聚集。

鴉片戰爭後，中國人把失敗原因歸結到了西方船堅炮利這一點上。在太平天國運動期間大規模的國內戰爭中，人們更是普遍體會到了槍炮的優勢，從而，一八六〇年代初以後，興起了洋務運動（自強運動）。洋務運動的主基調是源於魏源的「師夷長技」思想，雖然魏源指出「此兵機也，非兵本也；有形之兵也，非無形之兵也」（魏源：《海國圖志・魏序》），也即技畢竟不是根本，但作為後人的洋務運動領袖們主要還是圍繞著製造船、炮、槍進行的。洋務運動後期的代表人物張之洞一八八九年在他的〈勸學篇〉中提出「中學為體，西學為用」，比曾國藩、李鴻章進了一步，畢竟從「技」的層面上升到了「學」的層面，但還是受到了梁啟超的強烈批判。梁啟超認為學術誠然有中西源流之分，但其思想內核與科學並無中西之分。這一批判意味著維新派已經全面超越洋務派，相應的是洋務派的兵工業主張轉化為了維新派的實業主張，也即工商業不再侷限於兵工業，而是向各個領域發展。在實業興起的過程中，實業家們普遍採用了先進的股份有限公司制度，對此，已經充分注意到美國托拉斯壟斷制度前景的梁啟超從原則支持中國實業發展，但暫時並不看好其發展前途，以為在不解決政治、社會、經濟改革的背景下，股份有限公司在中國很難發展起來。他認為以股份有限公司為形式的現代實業發展，必須要具備四個基本條件：一，國家實現憲政和法治，這樣，企業可以獲得真正的獨立地位和法律保護；二，國家教育的進步，不僅是一個知識、技能提高的問題，更主要是社會公德的進步，因為股份有限公司是建立在個人之間的良好合作基礎上，沒有公德的人難以進行這樣的合作；三，要有相應的社會經濟組織和制度配套，比如現代意義的銀行、股票制度等；四，其他一些必要的可以應變國際競爭的條件，比如人才。四個條件都是最基本的，缺一不可，其中又以憲政和法治為最核心。

梁啟超說：「股份有限公司必在強有力之法治國之下，乃能生存，中國則不知法治為何物也。」（〈敬告國中之談實業者〉）他認為這是決定性的，因此，「試有人問我以中國振興實業之第一義從何下手，吾必答曰改良政治組織；然則第二義從何下手，吾亦答曰改良政治組織；然則第三義從何下手，吾必惟答曰改良政治組織」（〈敬告國中之談實業者〉）。百餘年來中國的企業發展史印證了梁啟超的判斷，由於沒有憲政和法治，在中國能夠得到生存、發展的企業不是國家資本、官營企業，就是與權力有著千絲萬縷曖昧關係的妾婦式、情婦式乃至娼妓式的企業；外國資本則決定於其母國外交地位的形勢，本質上還是屬於一種特別的權力。因此，民營企業在中國不得不繼承數千年家族制度的傳統，以努力強化自身內在的凝聚力，對外則與其說是依賴於法律，不如說是依賴於人情、義氣。當代中國內地民營企業似乎有了大的發展，實際上由於倫理的敗落，本質屬性上較之一九四九年前的企業形態遠為退化，甚至連家族企業制度也難以維持。當代台、港、澳地區則幸運地多，但在總體上也還只是處在由家族本位向企業本位進行過渡的階段。

十三

「制度之取捨，必以學理為衡。苟於學理見之未瑩，則無以定某種制度之當採不當採。」——〈幣制條議〉

衡　衡量。

採　採用。

見之未瑩　經過理解而沒有明白、明確。見，理解。瑩，光潔，透明。

梁啟超認為，政府制定、採用什麼制度，必須要符合學理。所謂學理，當然不是教條，但它是科學的原理、法則，是人類以往經驗和理性的研究結果，是人類智慧的成就。具體的學術結論未必需要遵守，但政策必須符合基本的學理。學理當然也是在進步的，但這種進步是以以往的學理為基礎的，是也符合於以往學理的。只依靠經驗的決策如果違背學理，必然是凌亂的。自以為不需要接受人類以往的思想成果，僅僅只憑眼前的功利主義制定和採用制度、政策，必然是非科學的。梁啟超對清末混亂的幣制進行研究後，認為滿清幣制完全違背了相關的學理，導致國家經濟混亂、衰敗，雖然流亡的他在海外提出了一系列幣制改革建議，但他很清楚那些當政者只會顧及眼前利益，不會接受符合學理的做法，由此他也預計了滿清的壽命不會長久。

第二篇：憲政、法治

一

「中國未嘗無法以限官吏，亦未嘗不設人以監官吏之守法，而卒無效者何也？則所以監之者非其道也。懼州縣之不守法也，而設道府以監之。道府不守法，又將若何？懼道府之不守法也，而設督撫以監之。督撫不守法，又將若何？所謂法者既不盡可行，而監之之人，又未必賢於其所監者。掣肘則有萬能，救弊則無一效。監者愈多，而治體愈亂。有法如無法，法乃窮。是故監督官吏之事，其勢不得不責成於人民。蓋由利害關切於己身，必不肯有所徇庇。耳目皆屬於眾論，更無所容其舞文也。是故欲君權之有限也，不可不用民權；欲官權之有限也，更不可不用民權。憲法與民權，二者不可相離。此實不易之理，而萬國所經驗而得之也。」——〈立憲法議〉

卒　終於。

徇庇　徇私庇護。

掣肘　拉住胳臂，引申為干擾、阻擾他人做事情。

舞文　玩弄文字，搞文字遊戲。

救弊　救助弊端，也即使彌補、解決弊端。

中國向來是一個官本國家，對於民眾來說官的權力很大。梁啟超認為，中國實際上也有限制官員使用權力的機制，比如，由於害怕州縣一級的官員不守法，就設置了道府一級的官僚機構給予監督；又害怕道府一級的官員不守法，再設置督撫一級的官僚機構進行監督。但是，督撫一級的官員不守法了，又由誰來監督呢？由於中央天高皇帝遠，事實上在地方當督撫一級的官員不守法時，基本就是沒有什麼可以監督的了。因此，官官監督，由於「非其道」，只能是沒有什麼效果。從具體的操作角度來說，法律並不一定都能夠得到實行，進行監督的官員也並不見得比被監督的官員賢良，他們之間彼此進行干擾則都本事很大，解決弊端則沒有一點效果可言。採用這種「非其道」的官官監督法，越是加強監督則需要的官吏越多，官吏越多則體制越混亂，有法律等於沒有法律，整個法律體制處於困頓狀態，所以，這種監督本身就是造成政治混亂的原因。

用官監督官這條路，是根本無法走通的，那麼，有什麼辦法可以走通呢？梁啟超認為，監督官吏只能依靠人民，將這一責任作為義務和權利交給人民，因為，官吏是否守法直接關係到的是人民自己的切身利益，人民對官吏沒有官吏之間的那種徇私庇護心理和心願。由於官吏處於人民的耳目之中，其言行都將被人民所聽到、看到，所以，在人民面前官吏並不能夠搞文字遊戲掩蓋自己的罪行。但要讓人民監督官吏，梁啟超認為，在君主制度下，皇帝的權力必須縮小，權力必須移交給人民；官吏的權力必須縮小，其權力也必須移交給人民，也即必須要使人民擁有權利，也即民權。這樣，雖然還有君主，但卻是憲政國家。梁啟超認為，憲政的核心規定，一是憲法，二是民權，不管是怎樣的憲政制度，這兩者都缺一不可。一些人認為英國是沒有憲法的，實際上這只是從形式上而言，清末時候梁啟超最讚賞的就是英國的憲政，他在實質性上認為英國有著憲法。憲法之有無，不在形式，而在其精神，有憲法之精神，即使沒有形式上的憲法，但所有的具體法和判例中都會貫穿進去。如果憲法只是形式，即使有憲法文本，當沒有民權，憲法也只能僅僅是個形式。因此，沒有實質性的憲法精神，就不會有民權；沒有民權，有憲法文本也只會流於形式。憲法與民權，其實質是二位一體的，是憲政的兩個根本支柱。所以，梁啟超說：這是由「萬國所經驗而得之也」。

二

「近世以來，各國之政體，其特色雖多，而其大原則不出二者：一曰政治之公開，二曰政治之統一。」——〈初歸國演說辭・莅共和黨歡迎會演說辭〉

在辛亥革命之前，梁啟超對歐洲、美國、日本及南美的歷史和政治進行了全面研究，他將國體與政體作了明確區分，認為一個國家的國體並不是關鍵，關鍵在於政體的建設。他認為君主國家可以是專制，也可以是憲政，共和國家同樣也可以是專制或憲政，不管什麼國體，世界大勢是建立憲政，因此，中國也不應例外。辛亥革命之前他主張實行君主立憲，辛亥革命之後，他主張在共和國體之下建設憲政。憲政不是一個國體問題，而是一個政體問題。梁啟超認為，中國要建設憲政，就必須符合世界上憲政國家所具有的共同屬性，而在政體的運行上，必須建立政治公開和政治統一兩個大原則。所謂政治統一，他指的是國體的不變和政體的一致。由於主張國體不變，因此一九一五年袁世凱稱帝，梁啟超便和蔡鍔一起舉起了討袁大旗。政體的一致並不等於排斥地方自治，甚至也不排斥如英國、美國等類型邦聯或聯邦制度，當然，梁啟超對中國主張的是國家的統一和中央權力集中下的地方自治。只要政治統一，中央和地方權力如何分割，梁啟超並不像主張聯省自治的章炳麟那樣注重。梁啟超更注重的是政治公開，他認為專制政治的特點是秘密，中國只有公開才能夠實現憲政，而憲政本身也必須實現政治公開。政治統一未必就是憲政，但政治公開則可以保證政治實現統一。一九一二年梁啟超從日本回國，受到中央政府、地方政府、社會團體和民眾盛大的歡迎，人們無不希望聽到他對建國的意見，他在一系列演說中，特別強調了政治的公開。他說：「近一世以來，各國實行立憲之政，於是有君主立憲，有共和立憲。同屬君主立憲國，英與德異，德與意異，意與比異，比與日異。同屬民主立憲國，美與法異，法與葡異，葡與南美諸國異。然有一共通之原則，則政治之公開是也。所謂政治之公開者，凡一切行政、立法、財政，大抵經人民公議，議決以後，又必以種種形式而公佈，然後執行。其籍口於運用之便宜而付諸秘密者，獨外交一端而已。」「秘密之習一日不革，則政治一日不能改良。循此以往，則去年革命之結果，所得果何物者？」他把政治公開稱為「一國政治之軌」的「第一原則」。（〈初歸國演說辭‧蒞共和黨歡迎會演說辭〉）

三

「國會之為用，凡以網羅國中各方面政治上之勢力，而冶諸一爐。而其用之尤神者，則民選制度也。國會非以杜絕競爭，而以獎勵競爭。國會者諸種政治勢力交戰之舞臺也，而憲法則其交戰條規也。」——《中國國會制度私議．國會之性質．政治上之性質》

交戰條規　即戰爭各方所約定的針對戰爭行為本身的契約和規則。這種契約有著古老的淵源，比如兩軍交戰，不宰來使，即屬於這一類的自然法則。現代意義的戰爭公法源於一八六四年開始逐步締結的日內瓦公約。該公約所包含的道德觀念和公法觀念在清朝末之後，對中國產生了深刻的影響。

憲政國家的政體特徵，國會具有標誌性意義。不同國家，國會體制有差別，有兩院制、一院制，統稱國會或議會。梁啟超認為，國會自身的政治特徵之一在於聚集了國內各種勢力，由這些勢力在其中進行競爭，也即國會政治的形式就是政黨政治。政黨政治的基礎是民選制度，也即政黨之間的競爭並不是茫然的，而是以爭取民選為目標的，所以，才是「其用之尤神者」，這樣，通過民選而決定政黨競爭的勝負，便使國會獲得了民意支持。在官僚政治傳統發達的中國，政治競爭從不缺乏，但專制下的政治競爭是隱密的，往往桌面上一團和氣，桌子下面則你死我活。憲政國家的政治競爭是公開的，梁啟超顧慮中國政客不習慣或不掌握這種公開競爭機制，把專制時代的習慣帶到國會當中，因此，就特別強調國會的競爭性，「國會非以杜絕競爭，而以獎勵競爭」。無論是在辛亥革命之前，還是之後，梁啟超都是一方面指出國會的競爭性，用「交戰」、「勝敗」、「敵我」等敘述和形容，一方面又反覆強調這種競爭的合法性和道德性，而必須遵守的最高原則就是憲法。

四

「就政治上以論國會，則國會者代表全國人民各方面之勢力者也。帷其代表人民之勢力也，故不可不以人民選舉為原則。」——《中國國會制度私議．國會之性質．政治上之性質》

憲政以民權為基礎，民權的體現則在於國會，但人民這個詞既是具體的，也是抽象的。當將人民視為一個無差別的整體時，人民就成為了一個抽象的名詞，因為，人民誠然可以作為一個社會學、政治學的範疇，但作為整體的人民並不能發生一致、單純的言論和行為。現實的人民有著階級、階層、民族、文化、團體乃至性別、年齡等等諸多複雜的存在形式，其實在的存在方式是個人，現實的存在方式必定是差別地發生著的，上升為政治性言行時，就聚滙為了各種「勢力」。這些勢力在現代政治生態中，所自然和習慣採用的是政黨形態。由於此，國會議員就主要來自於了政黨。所以，梁啟超認為，實現憲政政治就必須發展政黨政治。但是，政黨僅僅是一些人的政治組織，是一些具有共同志向和利益的人的政治團體，並不等於人民本身，與人民中的哪些人具有現實的對應關係並不明確、具體。政黨與人民之間的關係如何實現具體的對應，是一切憲政國家的困境。

人民的各種「勢力」，現實地呈現出的是政黨勢力，兩種勢力之間並不具體對應。政黨並不能夠具體地選擇人民，而只能通過公開的政黨競爭，讓人民選擇政黨。人民對政黨的選擇決定了政黨的優勝劣敗，這一選擇所採用的基本方法即是選舉。也即只有通過選舉，政黨才能夠建立起與具體的人民之間的關係，政黨由此而成為了那些投票支持自己的民眾的政治代表。也就是說，憲政的合法性基礎在於選舉上，只不過各個國家所採用的選舉制度有著差別。無選舉就無憲政，無憲政不選舉，所以梁啟超說：「惟其代表人民之勢力也，故不可不以人民選舉為原則。」人民參政，無論是直接還是間接，在國家上層的權力層次，終究要通過代表進行。就某個具體的公民來說，即使他對政治毫無興趣，不參與任何政治活動，人民總體上的選擇代表決定了他被代表，但是，無論是主動選擇代表還是被代表，都不是決定於政黨自身的自我規定，也即不是決定於政黨自己的章程和聲言，而是必須通過選舉才能獲取。

五

「治國非獨恃法也，法雖善，非其人亦不行。然使法而不善，則不肖者私便而賢者束手焉。」——〈箴立法家〉

恃　依賴，依仗。

不肖者　品行不好的人，沒有出息的人。

私便　方便地獲取一己的利益。營私便利。

一切以法律為準繩屬於絕對的法律主義，在一個法律觀念薄弱的社會，這種觀念誠然有利於推動人們樹立法律觀念，但副作用也會很深刻，很容易構成法律時代的道德虛無風氣。僅僅就法律本身而言，法律條文與司法實踐中對條文的使用，也還是不同的事情。梁啟超特別強調了人本身的因素，指出制定國家法律只是一個方面，即使法律制定得很完善，但如果運用法律「非其人」，不是適當的人運用法律，完善的法律在司法實踐中也難以得到良好的執行。但是，從立法的角度說，務必要使法律完善。如果法律本身不完善，就將更加糟糕，

反而方便了那些品行不好的人獲取私利，品行良好的人被束縛了起來。

梁啟超實際上是指出了兩個層次的問題：第一層次是法律不是唯一的手段，第二層次是法律有善法與惡法的區別。這兩個層次的問題是立法者必須充分注意到的。在第一個層次上，立法者不能走到絕對的立場，以為除了法律，國家、社會就要排斥道德等手段，必須意識到任何完備的法律都還存在著其不能達到的地方。在第二個層次上，立法者要特別警惕有法律比沒有法律好的觀念，如果所立的是惡法，則不如無法。更重要的，還是在於人的問題，無論善法、惡法，都決定於立法者和司法者的善惡。

六

「法律有二：成於大衆之同意者曰公，出於一人之獨斷者曰私。夫以私人之意見，強大衆以服從，以喜怒為從違，以愛憎為賞罰，舉公衆天賦之人權，聽其操縱而任其蹂躪，是固鉗束而奴隸我矣。我而不甘為奴隸，要其更定可也，起而抵抗可也，乃至大蹂大搏，摧陷而廓清之，滌其舊法而代以新法，無不可也。若夫公定之法律，則固自製而自守之，非一人專斷以羈軛我也，人人欲保其秩序，知法律為群治所必需，乃制是以樹公衆同守之防閑，以謀公衆莫大之幸福。故無論其為國家，其為團體，苟有公定之法，則必神聖而擁護之，尊敬而遵守之，然後國家乃興，團體乃固。」——〈服從釋義〉

從違　依從或違背。

鉗束　控制和約束。

更定　更改，修訂。

摧陷　摧毀攻陷。

廓清　即肅清。

羈軛　束縛控制。

防閑　防備禁阻。防，原意是堤壩。閑，原意是柵欄。堤防水，柵防獸，引申為防備之意。

制是　制定這，在這裏意思是制定這法律。是，即這，此。

梁啟超認為，國家有公、私之分，以民權為基礎的憲政國家即使有君主也屬於公，非憲政國家是屬於一人、一姓等的私有的國家。既然如此，則法律也就有公、私之分，憲政國家的法律不管是直接還是間接的民權，立法都是以大眾同意為基礎，法律的性質屬於公；在中國帝王專制時代的法律，實際上法律只是一個人的法律，由帝王一個人獨斷，法律的性質屬於私。梁啟超認為，君主專制國家的法律既然是一個人，以君主個人的喜怒、愛憎為取捨，剝奪公眾的天賦人權，任意操縱民意和蹂躪人民，控制、約束人民，把人民當作奴隸，那麼，只要人民不願意做奴隸，就可以起來抵抗，不服從君主一個人的法律。人民起來摧陷、廓清專制，蕩滌舊法，制定新法，並沒有什麼不可以的。也就是說，在專制時代，人民有不遵守法律的天賦權利。但是在憲政時代，由於法律的基礎是「大眾之同意」，人民通過選舉表達了自己的意志，這種意志通過國會有了統一體現，因此，在本質上法律不屬於私有物，而是由人民「自製」。既然如此，每個人就都應該「自守」，遵守法制秩序，這也是符合於人民自身意志的。在憲政國家，法律是國家、社會治理——群治——的必須，既是用以防止各種罪行和不適當的行為，也是為了獲取民眾的最大幸福。憲政國家的法律是「公定之法」，所以法律具有神聖性，每個人都應該尊重和遵守法律，只有這樣，國家才會興旺，社會團體才能夠鞏固。

七

「人群愈進於文明，則其法律愈以繁密，其人民之遵守法律愈謹嚴，而其自由亦愈以張盛。」——〈服從釋義〉

張盛　擴展興盛。張，張開，擴張，擴展。

立法應該簡約，但這只是立法的一種技術，也就是文字組織和表述要力求簡約。即使如此，法條也必須要明確、準確，不然，僅僅簡約，法條就可能含混不清，給人為操縱留下大量空間。更錯誤的事情是把簡約當作了法律體系的特性和風格，形為法制，實際不過是將法律當作了人治的手段。總體來說，人類社會的越古老時代，法律體系的特點便越是簡約，所謂法律只是人治的補充手段，隨著文明的進步，即使依然是人治，法律也越來越豐富繁雜，以至於無論立法還是司法，都必須要依靠專業的人才進行，所以，梁啟超說「人群愈進於文明，則其法律愈以繁密」。在憲政時代，國家、社會的制度基礎是法律，因此，憲政國家的法律不管是屬於何種類型，其整個體系都必然以繁密為基本特點。雖然法律不是國家、社會唯一的基礎，但在憲政社會，法律是主要的基礎，因此，也就涉及到了人們主要的活動領域和行為，不僅法律本身日益嚴謹，而且也要求人民對法律的遵守必須嚴謹。以往專制社會的法律是規定不許做什麼，不規定而做了也可能不被允許。憲政社會的法律則是一方面規定可以做什麼，一方面規定不可以做什麼，沒有規定不可以做的就也是可以做的。也就是說，雖然專制社會和憲政社會的法律都限制自由，但前者以不承認自由為前提，因此無論法律簡約還是繁密，自由都不具有絕對的正當性，隨時可以給予限制和取締；後者則以自由為前提，法律只是給自由設定邊界，既免於自由被他人傷害，也免於傷害他人的自由，因而自由是立法和司法的目的。簡而言之，專制之法是限制、取消自由，憲政之法是捍衛、擴展自由，彼此即使在一些具體法條的形式一樣，但在司法實踐中的運用目標則完全相反。比如在現代社會，專制國家和憲政國家都不許開車闖紅燈，法律形式完全一樣，但在專制國家進行運用時候，是權力認為任意需要設置紅燈的地方都可以設置，甚至可以為增加罰款收入而進行設置，不承認行車自由權利，比如在中國大陸，紅燈設置充滿了政府獲取罰款收入的機巧；在憲政國家則以承認行車自由權利為前提，必須在公眾同樣認為理應設置紅燈的地方才設置。因此，在憲政之下，越是嚴謹守法的人越是能夠獲得自由。

八

「權利競爭之不已，而確立之保障之者厥恃法律，故有權利思想者，必與爭立法權為第一要義。凡一群之有法律，無論為良為惡，而皆操立法權之人制定之以自護權利者也。強於權利思想之國民，其法律必屢屢變更，而日進於善。」——《新民說・論權利思想》

不已　不結束，不止。

厥　於是。

恃　依仗。

與爭　即與之爭。

在君主專制時代，權力集於一身，他人所獲得的權利，在根本上來源於君主的分配和賞賜，因此，不允許有權利的公開、正當競爭，所謂的爭權奪利本質上是圍繞君主的爭寵，其勝敗一般來說也決定於君主的取捨，或者就決定於暴力實力的強弱。在憲政時代，權利的競爭被置於了公開的地位，從表面看似乎比君主專制時代的爭權奪利遠要激烈，因而說是「權利競爭之不已」。但君主專制時代的爭權奪利充滿血腥，所遵循的規則是陰謀、武力，並隨時可能轉變為針對君主的顛覆性暴力災難，憲政時代的權利競爭則必須依仗法律進行，必須循著法律的軌道進行。這樣，憲政時代的權利競爭在形式上就自然集中到了立法權的爭奪上，也即「與爭立法權為第一要義」。在憲政國家，法律並不等於全部就是善的，具體的法律總是由一定的勢力所主導訂立，憲政的總趨向是善法，但具體的法律也可能是惡法，無論善、惡，總是有利於一定的勢力，尤其是直接有利於主張和主導訂立該項法律的勢力。即使有惡法，在憲政國家，由於民權的強大，國民富有權利思想，最終決定了權利競爭的趨向，因此，在鼓勵競爭的過程中，不同勢力所佔有的優劣地位也不斷被改變，從而法律也不斷發生修訂、變更，法律在總體上不斷向善的方向演變。

九

「法也者，非將以為裝飾品也，而實踐之之為貴。」——〈憲法起草問題答客問〉

當成文法出現時，法律並不是為了文飾政治，而是君主將自然法參以自身意志，不加掩飾地用文字形式給予表達和公佈。雖然古典的法律就其內容而言，遠不如現代法律完善、合理，但在不加以文飾這一點上，古典的法律更符合於法律應有的屬性。現代法律由於是政治的必要條件，甚至與政治幾乎就是二位一體，因此，政治的偽飾特徵也自然參入了法律當中，許多法律文本或條款並不符合於司法實踐，並不是用來現實地規範人們的行為，而僅僅只是用來使法律看起來更像現代的，更像符合憲政的，更像人們所希望的國家、社會狀態，總之，就是以法律的文飾做政治的裝飾品。因此，一個國家法律的本質誠然通過法律文本體現，但更實在地體現在司法實踐當中，也即司法實踐才是法律的活著的實體，法律文本則只是文字的實體，而其文字內容則可能充滿了與司法實踐完全不同的偽飾形式。所以，梁啟超說的「實踐之之為貴」，是十分精到的。

十

「當求以法範人，不可對人制法。蓋法有恆性，而人無定性。」——〈箴立法家〉

範　模範，規範，作動詞解。

定性　不變動的屬性。

恆性　持久性。

現代法律的制定必須以學理為基礎。所謂學理，包涵有廣泛的內容，既涉及一般的哲學、邏輯學，也涉及政治學、歷史學、社會學、民族學、文化學乃至科學學、宗教學等，就法學本身而言，必須要符合一般意義的法哲學。以學理為基礎的意思，就是以人類已有的智慧和科學知識為基礎，這就意味著法律除了具有功利性一面外，更重要的是也具有超功利性。功利性一面造就了立法時時會發生僅僅服務於一部分人利益的衝動，超功利性一面則對這種衝動進行了理性限制。從學理出發，也就是真理面前人人平等，邏輯面前眾生無差，是「以法範人」，以避免「對人制法」。當然，現實當中不可能不發生不針對具體的人立法，但繫於學理的限制，就不允許針對某個人、某些人進行立法，所謂的具體的人，必須是具有類性的，也即盡可能接近於人類性、民族性、國民性層次的人群。梁啟超認為，雖然法律總體上是屢屢變更，但就具體的法來說，一當制定，就相對具有持久性。法律之所以具有持久性，乃是根源於其對法理的符合。就具體的人來說，則並不存在不變動的屬性，無論作為對象的人還是其行為，都是變化不居的，立法如果針對具體的人進行，則法律的體系必然就會破綻百出，無法做到最基本的邏輯自洽。

十一

「治國之立法以國家及大多數人之福利為目的，亂國之立法以個人或極少數人之福利為目的。目的不正，則法愈多而愈以速亂亡，固其所也。」——〈箴立法家〉

治國　安定的得到良好治理的國家。

亂國　沒有秩序、動盪的國家。

速亂亡　迅速地敗亂滅亡。亡，滅亡，也可作毀滅解。

固　一定。

所　地方，所在。

立法與勢力有關，自然就服務於一定的利益——福利。梁啟超認為，得到良好治理國家的立法一定以國家利益和大多數人的利益為目的，沒有秩序、動盪國家的立法則以某個人或極少數人的利益為目的。因此，立法不在於利益問題，而在於是否為君主一個人立法、為少數官僚和個別集團立法，還是為整個國家立法、為全體人民立法。梁啟超認為，如果一個國家的立法目的不正確，只是為了個別人、極少數人的利益，法立得越多反而越是加快敗亂滅亡，這是無法逃避的趨向。為什麼這麼說呢？既然立法是為了個別人、極少數人利益，則法立得越多自然就把利益越集中到他們身上，從而剝奪的國家利益和大多數人的利益也就越多，災難自然就越深重，政治的敗亂一定就會加快。

第三篇：民本、民權

一

「國也者，積民而成。國家之主人為誰？即一國之民是也。」——《中國積弱溯源論・積弱之源於理想者》

梁啟超認為，所謂國家是由一個個個體的民積累而成的政治實體。人類社會由氏族而部落而國家，國家的誕生不過是基於這樣一個極其簡單的事實：人群結構的分化出現了官、民兩個部分。由於國家政治由官所掌握，因此，國家被視為由官所有，官的集權比較有限的形式為寡頭政治，再進一步集權就是帝王政治。在帝王政治，國家被視為一家或一姓所有，所有者進一步趨向於侷限為帝王一人。但是，國家一當誕生，並形成國家與國家之間進行接壤的群落關係，人類就不再拋棄這一文明形態；只有當國家是孤立的時，才可能蛻化到國家前社會形態。在一定的地域當中，只要人們採用國家這一政治形態，並不需要考慮是否有人做官，也即官總是可以出現。在任何文明制度當中，人類從來不需要顧慮於不願意當官的人口。官（以及帝王）一當脫離了所在國的人民，就並不意味著可以重新獲得人民，通常只能屬於流亡者或他國俘虜，他們不再能夠建立起新的國家。這一事實證明了，僅僅有官並不等於有國家，而只要有人民，就一定不存在不能獲得國家這一形態的問題。因此，國家之所以能夠發生、存在的根據並不在於官，而在於民。有官未必有民，沒有民一定沒有國家；有民則一定有官，一定能有國家。承認這一基本事實，就是民本。所謂民本，就是人民為國家的本體、基本和根本。民本不等於國家為人民所有，在專制時代，它是一個基本的事實和國家所有者——統治者——對這一事實的認可立場、態度。民本與國家為人民所有達到同一，是通過民權而實現，這就是憲政。也即在憲政國家，人民不僅是國家的本體，而且也是國家的所有者，兩者的結合就構成了國家的人民主體性。只有獲得了主體性，人民才真正成為了國家的主人。這就是梁啟超說的：「國家之主人為誰？即一國之民是也。」

二

「國也者，積民而成。國之有民，猶身之有四肢、五臟、筋脈、血輪也，未有四肢已斷，五臟已瘵，筋脈已傷，血輪已涸，而身猶能存者，則未有其民愚陋、怯弱、渙散、渾濁，而國猶能立者。」——《新民說・敘論》

血輪 清末引進西學時所用新辭彙，也稱血球，即血細胞，一般泛指血液。

瘵 zhài／ㄓㄞˋ，疾病，也指癆病。

愚陋 愚蠢淺陋。

怯弱 膽小軟弱。

渾濁 這裏指人民當中良劣混雜而導致暴亂的狀態。

既然國家是由人民為本組成的，那麼，無論是什麼樣的國家，是專制國家還是憲政國家，國家的命運都將由人民的狀態所決定。這就好像人的身體有四肢、五臟、筋脈、血輪，如果四肢已經斷了，五臟已經病了，筋脈已經傷了，血液已經乾涸了，身體就難以維持為正常的生命體，必然死亡而消失。人民如果愚蠢淺陋、膽小軟弱、人心渙散、混亂爭鬥，國家就很難繼續存在下去了。梁啟超一貫認為，國家的命運誠然與統治者如何有關，但根本上還是取決於人民的狀態，即使如南美州那樣實現了共和制度，但其人民的狀態決定了南美州國家不能成為世界強國。

三

「民氣弱之國，為民上者最易，而國恆替；民氣昌之國，為民上者最難，而國恆強。」——《自由書・難乎為民上者》

民上者　指統治者、政府領袖。

替　更替，更換。

恆　即經常。

所謂民氣，就是一國人民所具有的精神，這種精神體現為實現自身意志的氣概。民氣是人民狀態的集中表現，是人民爭取自身權利所煥發出的精神氣質。梁啟超認為，無論是專制國家的統治者，還是憲政國家的政府領袖，如果民氣弱，他們就強，很容易進行統治或領導、管理，但這樣的國家也最容易改朝換代；如果民氣強，他們就弱，進行統治或領導、管理特別困難，但這樣的國家卻總是特別強大。由此可見，梁啟超所說的民氣，所內涵的性質就是民權及其進行實現的氣概。一個國家追求民權消極的，專制時代容易統治，憲政時代容

易管理，但這樣的國家卻難以強大；而追求民權積極的，專制時代難以統治，憲政時代難以管理，但這樣的國家卻能夠強大。所以，國家的強大與否不是決定於統治者是否容易統治，不是決定於政府領袖是否容易管理，而是決定於人民對自己權利的爭取程度，或者可以說就是人民的強大程度。也就是人民強大，國家必然強大；人民虛弱，國家必然虛弱。所謂人民的強大與否，所相對的是君主、政府。

四

「中國人不知有國民也。數千年來通行之語，只有以國、家二字並稱者，未聞有以國、民二字並稱者。國家者何？國民者何？國家者，以國為一家私產之稱也。古者國之起原，必自家族，一族之長者，若其勇者，統率其族以與他族相角，久之而化家為國，其權無限，奴畜群族鞭笞叱吒；一家失勢，他家代之，以暴易暴，無有已時。是之為國家。國民者，以國為人民公產之稱也。國者積民而成，舍民之外，則無有國。以一國之民，治一國之事，定一國之法，謀一國之利，捍一國之患。其民不可得而侮，其國不可得而亡。是之為國民。」——《論近世國民競爭之大勢及中國前途‧國民與國家之異》

起原　即起源。

相角　相爭鬥。

已時　結束的時候。

得而侮　侵伐而對之侮辱。

得而亡　侵伐而將之滅亡。

國家是由氏族戰爭、部落戰爭的發展而引發誕生的，部落戰爭的內在機制還是氏族，而氏族則是由家族化的延伸，因此，梁啟超認為國家最初的出現實際就是由家族主導。既然如此，國家就成為了家族的私產，歸一定的家族所有。進一步演化，當家族為某個家族首領所控制和所有時，國家也就成了一人所有。當國家為某個家族所有時，其他家族就是被統治者，作為統治者的家族以家代國，擁有無限的權力，可以對被統治者任意驅使，把他們當作奴隸、牲畜進行鞭笞叱吒。這樣就必然會遭到反抗，作為統治者的家族總有失勢的時候，但取而代之的不過也是某個家族，互相以暴易暴，沒有結束的時候，國家的本質並沒有變化。梁啟超認為，不斷經過以姓易姓、朝代更迭的中國，典型地體現著國家的這種性質。

中國幾千年來，沒有「國民」，只有「國家」，所謂「國家」的本質就是「家」，是一家、一姓、一人的私有物。在這樣的歷史中，養成了中國不知有國民的深刻意識和習性，不僅統治者如此，而且國民自己也沒有自覺，是集體無意識，因而是「中國人不知有國民也」。那麼，什麼是國民呢？國民就是把國家視作為所有人的公產，不承認國家是某個人或某些人的私產。國家是由人民組成的，也即屬於全體國民所有。國民既是國家的本體，也是國家的主體，因此，沒有國民，也就沒有國家。真正的國民是國家的治理者，是國家法律的制定者，是國家的捍衛者，是自己為自己謀取利益的。在有真正國民的國家，國民作為主人不受侮辱，外國也無法欺負，更沒有能力將這個國家給予滅亡。因而，有真正國民的國家，無論國家大小，都是強大的。中國雖大，由於沒有真正的國民，只能是虛弱的，在國內人民被統治者侮辱，在國外受外國人欺負，國家總是陷於亡國動亂的危險當中。

五

「若我中國人，則非受直接之暴虐，而常受間接之壓制。人人天賦之權，雖然未嘗盡失，而常不完全，被民賊暗中侵奪，而不自知。故怨毒不深，而其爭自存也不力。又被治之人，俄然而可以為治人之人。故桀驁憤激之徒，往往降心變節，工容媚，就繩墨，以求富貴。故民氣不聚，而民心不奮，宋太祖所謂天下英雄在吾轂中矣。此中國歷代君相愚民之術，巧於歐人者也。嗚呼，我中國民權之難興，即坐是故。可悲乎！」——《論中國與歐洲國體異同·其相異之點及其原因與影響·歐洲有分國民階級之風而中國無之》

俄然　即忽然。

桀驁　jié ào／ㄐㄧㄝˊ ㄠˋ，兇暴倔強，含有難以馴服意。

憤激　憤怒激動，含有偏激意。

降心變節　平心靜氣，改變立場。降心，有強壓制住自己心氣的意思。變節，有屈服、投降的意思。

工　善於，精巧。

容媚　奉承諂媚。

就　湊近，屈就。

繩墨　規矩，此處引申為桎梏的意思。

轂　gǔ／ㄍㄨˇ，車輪的中心，即軸孔或軸套，安裝車軸後彼此難以分開。

君相　國君和進行輔佐的主要官僚宰相、丞相等。

歐人　即歐洲人。

坐是故　因為這個原因。坐，介詞，相當於因為、由於。

與古希臘、羅馬的奴隸和歐洲中世紀人民相比較，梁啟超認為中國古代的人民所受到的壓迫程度要輕一些，這是由於有著古老的鄉治社會傳統。社會學家費孝通數十年後提出的鄉土社會概念，不過是從梁啟超鄉治社會思想的倒退，其倒退的所在即在一個「治」上。沒有了「治」，中國鄉村社會——數千年的社會基礎——的最關鍵點就被忽視或淡化，從而就無法真正給予根本的界定。中國鄉治社會的「治」，其本質就是在政府統一治理下廣泛的、高度的自治。正是從這一自治的角度，所以梁啟超認為，雖然國家為一姓私有，但中國並不是沒有一點民權，這種民權誠然不能上及到國家政治，但卻在下可以進行很大程度的自我治理。他說：「若我中國人，則非受直接之暴虐，而常受間接之壓制。人人天賦之權，雖然未嘗盡失，而常不完全，被民賊暗中侵奪，而不自知。故怨毒不深，而其爭自存也不力。」也即他指出了鄉治社會所內涵著的矛盾。一方面，底層的人民少受國家直接的暴虐行為傷害，但另一方面則總是受著國家間接的壓制，將其權力嚴格限制在「鄉」裏。一方面，人權並沒有全部失去，但另一方面則並不完全，被國家——民賊——悄悄地給予了侵奪，而人民由於缺少直接的感受，並不知道自己人權的失去。一方面，人民由於有一點人權而對國家沒有很深刻的怨恨，另一方面又由於獲得有一點人權了的滿足，而混混噩噩，缺乏去爭取完全的人權的動力，一當遇到忽然降臨的外在暴虐行為傷害，也缺少了抵抗能力。

除了鄉治社會這種內在矛盾外，比較歐洲，中國社會更有一個特點，就是由於貴族制度早就打破，並發展起來發達的科舉制度，人民就有了一個機會，可以忽然由被治之人，上升為治人之人，進入到國家統治階層。在這樣一種特別的機會面前，即使本來屬於難以馴服、偏激的「桀驁憤激之徒」，也總是會自覺壓抑住自己的心氣，向統治者屈服、投靠，以獲取「治人之人」的資格和地位，求得富貴。因此，中國人的民氣就很難聚集起來，爭取權利的民心也難以振作。這就是宋太祖趙匡胤所說的「天下英雄在吾轂中矣」——天底下可能成為取代我統治的英雄，就如一根根車軸一樣，被我安裝進了輪轂，動彈不得，只能機械地受我支配（按：梁啟超可能誤記，這話應該是唐太宗李世民所說。「天下英雄盡入吾轂中矣」，語見司馬光《資治通鑒卷一九四・貞觀六年十二月》）。梁啟超認為，雖然中國古代的民權、人道狀況比較歐洲古代較好，但本質一樣，中國總體上是沒有民權、人權的國家，只是中國的統治者實行統治的「愚民之術」，比歐洲古代統治者更「巧」、更精明、更高超而已。正是由於鄉治社會所蘊涵的內在矛盾加以中國統治者精巧的愚民之術，長期的積累，使得中國民氣特別難聚，民心特別難奮，從而，梁啟超不得不感歎當在世界進入憲政時代時候，「我中國民權之難興，即坐是故。可悲乎！」

六

「天下未有不經過血汗而能得之權利也。」——〈致邱菽園（一九〇〇年二月十三日）〉

梁啟超認為，包括武裝革命在內的國內戰爭和暴力，由於都屬於同胞自相殘殺，因此，都是大不祥之事。他認為應該儘量避免這種大不祥，但又認為導致暴力的主要原因在於專制統治者，所以進行變法和爭取民權就不能排斥暴力抵抗、反抗和革命。正因為如此，所以，在戊戌變法、自立軍起義、辛亥革命、護國運動、討伐辮子軍張勳復辟中，梁啟超作為重要的和主要的領導人，不僅沒有放棄過暴力活動，更是數度積極領導、組織暴力運動。梁啟超這一思想，奠定於他的金蘭兄弟譚嗣同在戊戌政變中的慷慨赴死。一八九八年八月（陰曆月）在得知慈禧進行政變消息後，譚嗣同要求梁啟超流亡日本繼續變法事業，自己則留下等待被捕赴死。譚嗣同對勸他東渡日本流亡的人說：「各國變法無不從流血而成，今中國未聞有因變法而流血者，此國之所以不昌也。有之請自嗣同始。」（梁啟超：《戊戌政變記・殉難六烈士傳・譚嗣同傳》）意思是各個憲政國家實現變法，都經過暴力，變法者付出了血的代價，而中國變法還沒有發生流血犧牲，不付出血的代價而試圖實現憲政，自然也就失敗，這也是中國國運不昌盛的原因之一，既然中國應該流血，那就從我獻出生命開始。

譚嗣同的學術思想、人格和行為，對梁啟超一生的影響非常深刻，其中包括中國變法無法繞過暴力的這一觀念。一年多以後，康有為、梁啟超、唐才常策劃、組織、領導了自立軍起義，起義由唐才常在國內具體組織和領導，康有為、梁啟超則在海外組織力量。在梁啟超一九〇〇年二月十三日寫給新加坡華僑富豪邱菽園（按：邱煒萲，字菽園，別號繡原、嘯虹生、星洲寓公等，福建海澄縣人）的信中，梁啟超跟正為自立軍起義活動的邱菽園強調了「天下未有不經過血汗而能得之權利也」，這句話與譚嗣同的「各國變法無不從流血而成」，其精神內核是完全一致的。當然，梁啟超比之譚嗣同的思想更具有完備性，不僅重視「血」的問題，也重視「汗」的問題。

七

「政府壓制民權，政府之罪也；民不求自伸其權，亦民之罪也。」——〈愛國論〉

伸　即伸張。

無論是專制時代還是憲政時代，政府與人民都是一對矛盾，彼此有著對立的關係。梁啟超認為，在這一對立當中，有著兩個方面的問題：一方面，如果政府壓制民權，那就是政府有罪；另一方面，不管政府是否壓制民權，人民如果不爭取，不努力，則人民自己也有罪。這裏所謂的罪，並不侷限於法律意義的罪的概念，更主要是政治道德概念的罪，或者純就是道德之罪，也即中國傳統所說的罪孽。政府壓制民權，既是法律之罪，也是道德之罪。人民不爭取民權，不存在法律之罪，但存在道德之罪。人民的權利是天賦的，但這只是其本質，並不等於現實，現實的民權狀況誠然與政府的壓制程度有關，但根本還是決定於人民的自我伸張。如果人民僅僅因為權利天賦就以為理應得到，只是侷限於願望而沒有足夠的伸張言行，民權並不會天然地降臨到人民的頭上。

梁啟超認為，歷史誠然有其進化規則，但人類社會的進化並不是自動的，也即並不是歷史決定論的，而恰恰是必須要通過人類依靠自身的自由意志努力才能夠的。民權的獲得誠然是歷史的方向，但是否能夠獲得，必須要通過人民自身的努力才能夠，所謂歷史的規則，要轉化為現實的規則，是在人民的運動中才能夠實現。梁啟超之所以認為民權的不伸張，人民自己也有罪，是因為認為這不僅是人民自身利益問題，而且也是一個民族、國家的前途問題，在人類走向憲政社會的時代，民權的不能得到，將會導致亡國滅種的災難，或至少導致國家受辱於他國的結局。在梁啟超的一生當中，雖然有大量對政府的批評，但更多的恰恰是對人民的批評。

八

「中國先哲言仁政，泰西近儒倡自由，此兩者其形質同而精神迥異。其精神異而正鵠仍同何也？仁政必言保民，必言牧民。牧之保之云者，其權無限也。故言仁政者，只能論其當如是，而無術以使之必如是，雖以孔孟之至聖大賢，嘵音瘏口以道之，而不能禁二千年來暴君賊臣之繼出踵起，魚肉我民。何也？治人者有權，而治於人者無權，其施仁政也，常有鞭長莫及、有名無實之憂，且不移時而熄焉。其行暴也，則窮兇極惡，無從限制，流毒及全國，亙百年而未有艾也。聖君賢相，既已千載不一遇，故治日常少而亂日常多。若夫貴自由定許可權者，一國之事，其責任不專在一二人，分功而事宜舉，其有善政，莫不遍及。欲行暴者，隨時隨事，皆有所牽制，非惟不敢，抑亦不能，以故一治而不復亂矣。是故言政府與人民之許可權者，謂政府與人民立於平等之地位，相約而定其界也，非謂政府畀民以權也。『趙孟之所貴也，趙孟能賤之』。政府若能畀民權，則亦能奪民權，吾所謂形質同而精神迥異者此也。」——〈論政府與人民之許可權〉

形質　事物外在的物質形式、表象。

正鵠　箭靶的中心，引申為被正視的目標、目的。鵠，hú／ㄏㄨˊ，一種水鳥，或指天鵝，射殺鵠一類體形比較大的鳥，是古代弓箭手常見的愛好，以鵠為靶，故代稱為箭靶。

牧民　把人民當作牲畜放牧。

當如是　指應當像這樣，即當然性。

必如是　指必須像這樣，即必然性。

嘵音瘏口　即嘮嘮叨叨得唇乾舌燥，費盡口水。嘵，xiāo／ㄒㄧㄠ，爭辯樣子。瘏，tú／ㄊㄨˊ，疲勞到生病。

繼出踵起　連續出現，接踵而起。

魚肉我民　對人民任意欺凌、宰割。魚肉，語出司馬遷《史記‧項羽本紀》「人方為刀俎，我為魚肉。」意思是別人就如刀俎（刀和砧板），我則如砧板上的魚肉，只能任憑宰割。

移時而熄　不多久就熄滅了。

互　彼此，在這裏引申為彼此連續。

未有艾　沒有結束的時候。艾，即結束、停止。

治日　得到治理的太平日子。

常少　長期很少。常，長期，長久。

亂日　沒有得到治理的動盪日子。

常多　長期很多。

分功　分別進行工作、勞動。功，功績，引申為工作、勞動。

畀　bì／ㄅㄧˋ，給予。

「趙孟之所貴也，趙孟能賤之」　語出《孟子‧告子》，意思是君主、執政既然能讓平民成為貴族，就也能夠讓貴族成為平民或賤民；或者可以理解為掌握權力的人既然可以重視某人，也同樣可以輕賤他。趙孟，指春秋時期長期控制晉國的正卿（執政）趙盾及其後代趙武、趙鞅、趙無恤。

中國古典主義思想以儒家思想為代表——尤其以孟子一派思想為代表——主張實行仁政，現代自由思想則來自於西學的引進。梁啟超認為，仁政與自由是「形質同而精神迥異」。那麼，為什麼兩者的內在精神不同而外在的目標——正鵠——似乎相同呢？所謂外在目標，指似乎都是承認人民有一定的權利，以提高人民利益為政治目的。中國古代也有自由思想，集中體現在莊子的思想當中，但這種自由是個人的、游離的自由主義，也即不管社會如何專制，個人都可以進行逃避，游離出社會，尋求一己的自由。現代自由思想則是積極入世的，雖然以個人主義為基礎，但卻與民權是二位一體的，也即認為每個人都處於現實的社會當中，個人自由必須通過權利的實現獲得，或者說個人自由本身就是一種權利，其本質是人權、民權，或可叫作公民權利。

仁政則不同，其權利主體是統治者，人民僅僅是客體，這一點充分表現在仁政所倡導的「保民」、「牧民」口號上。所謂保民，就是統治者把人民視作為自己的保護對象，權利在自己，而不承認自己的權利來自人民的賦予和彼此的契約，人民是無權利者。所謂牧民就更加赤裸裸，坦白將人民視作為了由統治者飼養的牲畜，而不承認自己是由人民養活；既然人民是被飼養的牲畜，那麼，就也是可以被屠宰、被驅使的。所謂仁政，不過只是將人民保護得好一點，把人民飼養得胖一點。即使仁政執行得如何好，「牧之保之云者，其權無限也」，統治者都掌握著沒有邊際的權力。梁啟超尖銳地指出：「言仁政者，只能論其當如是，而無術以使之必如是。」主張仁政的人只能提出應該如何的標準，而沒有任何辦法說出必須如何的標準，也即只能說應該為人民謀幸福，而不能證明人民必須幸福。其中的原因在於，仁政並不承認民權，因而人民的幸福就只能由統治者恩賜，在這樣情況下希望統治者能夠對人民善良一點；只有當人民自己掌握權利時，人民的幸福才不是由執政者恩賜，執政者作為人民的公僕必須為人民謀取幸福。兩者之間，是「當如是」與「必如是」的邏輯區別。在仁政的「當如是」邏輯下，梁啟超認為，即使中國有孔子、孟子這樣的至聖大賢以及他們的儒家繼承人，嘮嘮叨叨得唇乾舌燥，要求統治者執行仁政，二千多年來暴君賊臣還是連續出現，接踵而起，以人民為可以任意欺凌、宰割的魚肉。孔孟也只能無奈的根本原因，就在於統治者——治人者——掌握了所有的權力，而人民——治於人者——則沒有權利。在這樣情況下，統治者比較好的時候，施行仁政也是十分有限度，通常是有名無實；當統治者不好的時候，就完全是暴政，對人民窮兇極惡得沒有邊際，而且往往一當出現暴政，就綿延上百年而難以遏止有結束的一天。

事實上，能夠真正執行仁政的聖君賢相，上千年也難得出現，國家真正得到良好治理的太平日子非常之少，而沒有得到治理的動盪日子則是長期不斷的。而在實現了憲政的時代，人民獲得自由，一個國家的命運不決定於一、二個人，而是人人有法律規定的權利，人人是國家的治理者，好的政治能夠使人人得益。有試圖執行暴政的人，由於任何事情都有廣泛的牽制和約束，不僅沒有膽量去做，而且也是根本無法做到。因此，在自由的憲政國家，不存在中國數千年歷史中的反覆動盪和改朝換代情況，國家政治只要一上軌道就長治久安，「一治而不復亂矣」。梁啟超認為，政府和人民之間的許可權問題是一切政治的核心。在憲政國家，政府與人民是平等的，根據契約——憲法——以法治國，權力和權利的邊界明確，人民的權利由契約規定，而不是由政府賦予。在主張仁政的國家，政府與人民不存在平等地位，沒有契約——憲法，即使人民有一點什麼權利，這點所謂的權利也是由統治者恩賜，「趙孟之所貴也，趙孟能賤之」，統治者隨時可以收回去。總之，權利，這就是中國古典的仁政思想與現代自由思想關鍵的區別所在。

九

「政府之許可權，與人民之進化成反比例，此日張則彼日縮，而其縮之，乃正所以張之也。何也？政府依人民之富以為富，依人民之强以為强，依人民之利以為利，依人民之權以為權。彼文明國政府，對於本國人民之權，雖日有讓步，然與野蠻國之政府比較，其尊嚴榮光，則過之萬萬也。」——〈論政府與人民之許可權〉

萬萬　喻意很多很多。

一國人民進化的程度，其衡量標誌是民權的伸張程度。梁啟超認為，政府與人民作為一對矛盾體，其權利具有反比例對應關係，也即：當政府權力較大，則人民權利較小；當政府權力較小，則人民權利較大。兩者之間，彼此是你張我縮、你縮我張。這是因為什麼呢？梁啟超認為，政府的富足、強大、利益、權力在本質上決定於人民的富足、強大、利益、權利，人民的富足、強大、有利、有權，就是政府實質性的富足、強大、有利、有權；如果政府在形式上比人民富足、強大、有利、有權，就必然意味著人民不富足、不強大、少利、少權。也就是說，人民有權利，就是政府有實質性的權力，人民權利的大小決定了政府實質性權力的大小，而在形式上，人民權利大小則與政府權力反比例對應。這實際上也就是傳統的專制國家與新的進化了的憲政國家的區別，政府權力由人民權利實質性決定的是憲政國家，政府權力在形式上與人民權利成反比例對應關係的，則是專制國家。憲政國家屬於文明國，比較而言專制國家屬於野蠻國。文明國政府在形式上似乎權力很小，但由於民權的興起而決定了政府實質上有著法律賦予的強有力權力，因而跟似乎權力沒有邊際的野蠻國家政府比較，有著無限的尊嚴和榮光。

十

「民權自由者，天下公理也。世界自然之進步，積其資格以及於今日，既已磅礴鬱積，持滿而必發。譬之經嚴冬沍寒以後，春風一度，勾出萌達，萬綠齊出，夫寧可壓制耶？夫寧可壓制耶？譬之奔流，壅之愈甚，則決之愈烈。」——《自由書．地球第一守舊黨》

及於　達到。

磅礴鬱積　即充滿積聚。

持滿　拉滿弓弦。

譬之　意思是把某某作為比方。或者相當於「就好像……」。

沍寒　即凍結嚴寒。沍，hù／ㄏㄨˋ，同沍，凍結的意思。

勾出萌達　指植物競相萌芽的初春樣子。

壅　yōng／ㄩㄥ，堵塞。

決　即決堤。

梁啟超認為，民權和自由是天下公理，也即是文明發達時代的普世價值。身處於清朝末的梁啟超認為，世界在優勝劣汰的競爭中進步，是積累了以往的優勝民族而達到現代這個世界，民權和自由已經到了充滿積聚的時代，已經如張滿了的弓弦一樣，必然是要在全世界迸發出來的，這是新的優勝劣汰關頭。這就好像經過嚴冬之後，春風吹起，草木萌芽，嫩綠遍佈大地，這難道有什麼力量可以壓制嗎？這就好像奔騰的江河，越是想把它堵塞住，就越是會導致嚴重的決口和洪災。民權和自由的興起，是沒有任何力量能夠阻擋的。

第四篇：自由、服從

一

「十八世紀之學說，其所以開拓心胸，震盪社會，造成今日政界新現象者，有兩大義：一曰平等，二曰自由。」——《中國專制政治進化史論・貴族政治之消滅（由寡人政治趨於一人政治）》

義　即主義。

梁啟超認為，中國落後於歐洲的歷史轉捩點是在十八世紀，在他當時的清末來說，僅僅只有一百多年時間。他認為，中國的落後誠然原因很多，但關鍵點在於十八世紀歐洲（以及美洲）興起了以法國啟蒙運動為代表的新思潮、新政治，核心就是平等和自由。有了平等和自由，歐洲民權普遍興起，人們思想得到解放，各種革命此起彼伏，從而政治煥然一新，歐洲大陸成為新歐洲，社會高速進步和發展，相對而言，沒有平等、自由的中國也就迅速落後。就平等和自由兩者來說，梁啟超一生談平等很少，主要談的是自由。他認為，中國由於早就打破了貴族制度，所以社會主要不是平等問題，而是面對強權時候的奴隸性問題。中國社會較之歐洲更具有平等性，不平等的矛盾尖銳程度要低得多。中國主要缺少的是自由，奴隸性的嚴重也主要與不自由有密切關係，因此，平等與自由，中國主要解決自由問題。

二

「野蠻自由，正文明自由之蟊賊也。文明自由者，自由於法律之下。」——《新民說・論自由》

蟊賊 蟊、賊，本義為兩種害蟲。蟊，吃莊稼根莖的害蟲；賊，吃莊稼枝節的害蟲。引申比喻危害國家的人，尤其指奸猾官吏。

梁啟超認為，自由在形式上有兩種，一種是野蠻自由，一種是文明自由；野蠻自由不是真正的自由，而是偽自由，文明自由才是真正的自由。偽自由與真自由的區別所在，在於是否遵守法律。有真自由，便有憲政，而憲政則是法治，故真自由是文明自由。偽自由不要法治，不遵守法律，只會導致社會破壞，故偽自由是野蠻自由。

三

「自由之界說曰：人人自由，而以不侵人之自由為界。」——《新民說・論自由》

界說　即定義，對概念的內涵、外延作出明確的說明。

真正的自由應該如何定義呢？梁啟超定義為「人人自由，而以不侵人之自由為界」。戊戌變法失敗流亡海外之後，梁啟超逐步與康有為有了越來越明顯的思想分歧，在一九〇〇年組織唐才常自立軍起義活動期間，兩人的分歧正式形成。康、梁分歧最主要之點，集中在兩個問題上，一是同門不同門之界，一是自由不自由之界；或者說，一是同門問題，一是自由問題。分歧的正式發生，可以一九〇〇年四月一日梁啟超給康有為的信為標誌。所謂同門問題，表面上說，就是以康有為為「師」招納「弟子」，發展「康門」作為維新核心力量，而核心的核心則是康有為萬木草堂弟子群，作為「康門」弟子領袖的梁啟超則認為應該打破這一「同門」界限，廣納志士、豪傑。實際上，這是康、梁的關鍵性政治分歧，梁啟超雖然擁戴和支持康有為的最高領袖地位，但含有複雜的感情色彩，有著濃重的尊師含義，並不等於將康有為視作高高在上、必須絕對服從的政治領袖。這並不是梁啟超試圖取代康有為的地位，實際上在「康門」中梁啟超的號召力已經並不亞於康有為，而對國內的影響力甚至已經超過康有為，只是他一來不願意「康門」成為一個專制體系，二來希望實行能夠與孫中山等派系進行合作的比較開放的政治策略。事實上孫中山曾試圖與康有為進行合作，而康有為卻以孫中山必須認康有為為「師」作為前提，孫中山不願意接受拜師條件，結果康、孫兩人終身沒有見過一面。但是，梁啟超則願意與當時勢力比較弱小、影響力比較小的孫中山合作，認為彼此雖然主張有差異，但針對滿清、改變中國、實現憲政則是共同的，應該是互相衝突又合作的關係，彼此倚重。

康有為舉起保皇保教的旗幟，梁啟超則不願意提保皇，對保教也並不積極，且進行解釋的涵義與康有為並不相同，更主要是從維持民族精神的民族主義角度進行，而不是從狹義的宗教化角度進行。梁啟超舉起的是立憲旗幟，並把立憲與革命與維新統一起來，區分不同的革命類型，既使康、梁與孫中山有區別，又包容進統一戰線。這就是同門不同門之界的真正內容。而自由問題，則是康、梁思想分歧的核心。康有為分不清楚野蠻自由與文明自由的區別，以「師」的身份不允許梁啟超宣揚自由，梁啟超則在這個原則性問題上堅決不肯讓步，對康有為進行反駁，他在一九〇〇年四月一日信中說：康有為「來示於自由之義，深惡而痛絕之，而弟子始終不欲棄此義」（梁啟超〈致康有為（一九〇〇年四月一日）〉。本節下同）。他說：「竊以為於天地之公理與中國之時勢，皆非發明此義不為功也。」也即他認為自由既是人類社會發展的方向，又是拯救中國的必要精神，放棄自由主張，一切努力都不會有成效和前途。他認為，中國在國民性上，要實現憲政最大障礙是深重的奴隸性，而要挽救這種奴隸性，必須提倡自由精神，「今日非施此藥，萬不能愈此病」。針對康有為以法國大革命的血腥屠殺否定自由的觀點，梁啟超承認自己也反對中國走這樣的道路，但指出：「法國之慘禍，由於革命諸人，借自由之名以生禍，而非自由之為禍。」也即法國大革命的血腥屠殺，並不是由自由精神本身導致，而是進行革命的那些人借了自由名義製造的，不能因此而否定自由。梁啟超更尖銳指出，中國幾千年改朝換代所發生的血腥屠殺，遠比法國大革命的屠殺嚴重，但並沒有什麼自由名義。針對康有為全盤否定法國大革命的觀點，梁啟超雖然不贊成革命中發生的大屠殺，但堅決肯定了法國大革命創造了新歐洲的歷史性作用，「歐洲中原日爾曼、奧斯馬加、義大利、瑞士諸國皆因並於拿破崙。時拿氏大改其政治，而自予人民以自由，人民既得嚐自由之滋味，此後更不能受治於專制民賊之下，故歷千辛萬苦而得之，以至有今日」。

梁啟超說：「夫子謂今日『但當言開民智，不當言開民權』，弟子見此二語，不禁訝其與張之洞之言，甚相類也。夫不興民權則民智烏可得開哉？」自由與民權是二而一、一而二的事情，所以梁啟超進一步跟康有為闡述自己的自由觀，從學理上對康有為進行了批評：「至自由二字，字面上似稍有語病。弟子欲易之以自主，然自主又有自主之義。又欲易之以自治，自治二字，似頗善矣。自治含有二義：一者不受治於他人之義，二者真能治自己之義。」「若夫自由二字，夫子謂其翻譯不妥則可，至詆其意則萬萬不可也。自由之界說，有最要者一語，曰人人自由，而以不侵人之自由為界是矣。而省文言之，則人人自由四字，意義亦具足。蓋若有一人侵人之自由者，則必有一人之自由被侵者，是則不可謂之人人自由。以此言自由，乃真自由，毫無流弊。要之，言自由者無他，不過使之得全其為人之資格而已。質而言之，即不受三綱之壓制而已，不受古人之束縛而已。」

四

「不可服從私人之命令，而不可不服從公定之法律。」——〈服從釋義〉

自由不自由之界，也就是自由的邊界。偽自由或野蠻自由是沒有邊界的，也即沒有任何約束，憑個人的慾望、本能而任意活動，從而，所謂的自由對於他人來說就成了傷害。真自由或文明自由一定有邊界，這個邊界就是憲政之下的法律，人人在法律允許的範圍充分自由，但不越過法律的限制，從而不造成對他人的傷害。不管在專制時代還是憲政時代，由於自由的天賦性，人人都有權不服從私人借助國家名義的命令，所以，梁啟超說「不可服從私人之命令」。但是，在憲政國家，由於法律來源於民權約定，具有「公定」性，因此，任何人都必須服從法律，尊重自由的邊界。

五

「自由與服從二者相反而相成，凡眞自由未有不服從者，英人所謂『人人皆治人，人人皆治於人』是也。但使人有絲毫不服從法律，則必侵人自由。蓋法律者，除保護人自由權之外，無他掌也。而侵人自由者，自由界說中所大戒也。故眞自由者，必服從。」——〈致康有為（一九〇〇年四月一日）〉

無他掌　沒有其他什麼可以掌握的。掌，即掌握。

自由的邊界決定了自由的另一面是服從，兩者相反相成，真自由必須在其邊界服從於法律，沒有服從就不是真自由。梁啟超認為，這就是英國人所說的「人人皆治人，人人皆治於人」，也即在憲政制度下，每個人都享有一定的權利，是治理國家的人，但每個人又必須服從法律，接受他人的治理。治與被治的邊界，就是法律。只要有人試圖不服從法律，必然就越過了自由的邊界，從而侵犯他人的自由。法律誠然是對人的行為的約束，但這種約束的本質除了是保護每個人的自由外，不存在別的性質。侵犯或不侵犯他人的自由，是全部自由學說中最重要的一個規定，這個規定是一種戒備或警示，只要發生忽略，自由學說就不會完備，甚至成為誤導人們的思想，更可能成為打著自由旗號的偽自由的利用工具。所以，一切真正的自由，必然以服從為基本原則。是否具有服從性，是判斷真自由還是偽自由的十分有效的工具。比如，甲和乙都只談自由而不談服從，則甲和乙都是偽自由。比如，當甲談自由並只要求乙服從，而乙則同樣只要求甲服從，則甲和乙仍然都是偽自由。比如，當甲既談自由又要求自己服從，無論他是否要求他人服從，他都是真自由，而乙則只談自由不要求自己服從，則乙就是偽自由。也就是說，服從首先是對自己的規定，然後才可以是對他人的規定，而無論是對自己還是對他人，所謂規定就是公定之法。

六

「眞愛自由者，未有不眞能服從者也。人者固非可孤立生存於世界也，必有群然後人格始能立。而法者非得群內人人之服從，則其法終虛懸而無實效。惟必人人尊奉其法，人人尊重其群，各割其私人一部分之自由，貢獻於團體之中，以為全體自由之保障，然後團體之自由始張，然後個人之自由始固。然則服從者實自由之母，眞愛自由者，固未有不眞能服從者也。」——〈服從釋義〉

始張　開始得到伸張、發揚。

始固　開始得到鞏固。

群　群體。

割　捨棄。

在梁啟超關於自由的思想中，比較自由與服從，他更多闡述了服從的重要意義。梁啟超側重於服從，目的是為了自由，因此，這種側重並不是對自由的輕視，而恰恰是一種從中國實際出發的對自由學說的現實態度。作為中國最重要的政治家之一，梁啟超與大多數書齋學者有著一定差別，在其闡述政治思想時，更注重於遵從學理的實現性，也即既要符合學理，也要適合於實際。中國古老歷史是偉大的，但同時也意味著專制文化的悠久和高度發達，在這種文化中，中國人不知有國，只知有己，而鄉治社會又有著法律與底層社會相脫離的特點，人們更依賴於習慣法而不是國家法進行自治。即使是中上層社會，莊子哲學中游離的自由主義精神也是深入骨髓，這種精神在與出世的佛教思想、道教意識的互相貫穿、結合中，瀰漫在整個社會，甚至也深入到了帝王的腦海裏。因此，一方面中國是極其地專制，一方面又氾濫著深刻的偽自由精神。在這種文化背景下試圖實現憲政，誠然必須要提倡自由，但在實際的運動中更必須要警惕自由邊界的被突破，需要強調服從對於自由的意義。真自由者必能服從，但當在爭取自由的運動中，在自由的名義下被偽自由者篡奪了自由的權利，對法律的服從被拋棄，結果只能是失去自由，中國仍然回復到專制當中。梁啟超認為，儘管自由有著個人主義的一面，但任何個人並不能孤立地存在，必然只能處於一定的人群群體當中，並在其中體現出自己的人格。任何國家法都是以群體的形式出現的，即使社會組織的「法」——章程、公約等——也是群體的形式，如果每個人都不守法，法就只會是一紙空文，對實現法治毫無作用。遵守法律就是個人必須尊重所在人群群體的共同利益，不然，群體共同利益得不到維持，個人的自由也無法得到鞏固和捍衛。從這個意義上說，與其認為自由是服從的前提，不如說服從是自由的前提。正因為沒有服從就不會有自由，所以，真正爭取自由的人都會真心實意地做到服從。

七

「政府之義務雖千端萬緒，要可括以兩言：一曰助人民自營力所不逮，二曰防人民自由權之被侵害而已。率由是綱而維是，此政府所以可貴也。苟不爾爾，則有政府如無政府。又其甚者，非惟不能助民自營力而反窒之，非惟不能保民自由權而反自侵之，則有政府或不如其無政府。數千年來，民生之所以多艱，而政府所以不能與天地長久者，皆此之由。」——〈論政府與人民之許可權〉

要　即扼要。

括　即概括。

自營力　自己解決生計的能力。

逮　到，及，引申為足夠、能夠。

率　大率，大略。

維　維護，維持。

苟不爾爾　如果不是這樣。苟，假如。爾爾，如此，這樣。

窒　窒息，扼殺。

或　有時候。

梁啟超認為，政府對於人民應該承擔的義務很多，但概括起來根本在於兩個方面：一，政府必須支持、彌補人民自己解決生計能力的不足夠；二，保護人民自由權利，防止其被侵犯。前一個方面主要來說是支持人民的創業、經營，以及人民的就業、生活，即制定和實施賦予於人民的產業政策、就業政策、教育政策、福利政策等公共政策。後一個方面，涉及外交、軍事、政治、法律等內容。這兩個方面是政府義務的綱領——根本核心，都不是個人所有能力解決，必須借助政府進行，這就是政府對於人民來說，之所以重要、珍貴的原因。如果不是這樣，政府不能承擔自己的義務，既不能幫助人民生計而剝削、掠奪人民，又不能保護人民自由而壓迫、迫害人民，那麼，對於人民來說，有政府還不如無政府。梁啟超指出，數千年來，中國人民生計總是非常艱難，政府也不能維持長久，總是陷在改朝換代的輪迴當中，全部的原因就在於政府始終沒有承擔其理應承擔的義務，既不能有利於人民的生計，又不能維護人民的自由。反過來說，這也是梁啟超指出了憲政政府所必須承擔的兩大義務：保障生計和保護自由。這兩大義務是政府全部合法性的根據，缺一不可。

八

「文明之國家，無一人可以肆焉者，民也如是，君也如是；少數也如是，多數也如是。何也？人各有權，權各有限也。許可權云者，所以限人不使濫用其自由也。濫用其自由，必侵人自由，是謂野蠻之自由。無一人能濫用其自由，則人人皆得全其自由，是謂文明之自由。非得有文明之自由，則國家未有能成立者也。」——〈論政府與人民之許可權〉

肆　肆意妄為，即任意行事。　　全　保全，完全。

如是　像這樣。是，這樣。

梁啟超認為，在文明國家——憲政國家——沒有一個人可以肆意妄為，人人必須守法。人民如此，即使君主立憲國家，君主也必須如此；意見、利益占少數的人如此，即使意見、利益占多數的人也必須如此。雖然人人有權利，但權利都有限度，有著它必要的邊界。所謂許可權，就是限制所有人都不得濫用自由。如果濫用自由，其結果必然是侵害他人的自由，這是野蠻的自由。每個人都不濫用自由，才能使每個人的自由不受他人侵犯，得以享受完全的自由，這才是文明的自由。在人類進入憲政時代後，所謂文明國家也即憲政國家，但正因為如此，憲政就也可能被利用為牌子、門面，專制者也希望把自己打扮成文明的樣子。憲法畢竟只是文字，最專制的人一樣可以寫出一部憲法的文字出來，可以搞出憲政國家的一系列形式。因此，到底是不是真的憲政，就不能只看有沒有憲法，不能只看是否號稱憲政，而要看實質。所謂實質，也就是將邏輯反過來，憲政國家理應如何做的根本，就是判斷真憲政、偽憲政的標準。既然真憲政必須是「人人皆得全其自由」，沒有任何人可以享受特權，那麼，這也就是真憲政的根本標誌。如果所謂的憲政，不能做到「人人皆得全其自由」，有一部分人享有特權，那麼，這就不是真憲政。所以，梁啟超說：「非得有文明之自由，則國家未有能成立者也。」也即不具有文明的自由，就不存在所謂的憲政國家。

九

「自由者，權利之表證也。凡人所以為人者有二大要件，一曰生命，二曰權利。二者缺一，時乃非人。故自由者亦精神界之生命也。文明國民每不惜擲多少形質界之生命，以易此精神界之生命，為其重也。我中國謂其無自由乎？則交通之自由，官吏不禁也；居住行動之自由，官吏不禁也；置管產業之自由，官吏不禁也；信教之自由，官吏不禁也；書信秘密之自由，官吏不禁也；集會言論之自由，官吏不禁也（近雖禁其一部分，然比之前世紀法、普、奧等國相去遠甚）。凡各國憲法所定形式上之自由，幾皆有之，雖然，吾不敢謂之為自由者何也？有自由之俗，而無自由之德也。自由之德者，非他人所能予奪，乃我自得之而自享之者也。故文明國之得享用自由也，其權非操諸官吏，而常采諸國民。中國則不然，今所以幸得此習俗之自由者，恃官吏之不禁耳。一旦有禁之者，則其自由可以忽消滅而無復蹤影。而官吏之所以不禁者，亦非尊重人權而不敢禁也，不過其政術拙劣，其事務廢弛，無暇及此云耳。官吏無日不可以禁，自由無日不可以亡。若是者謂之奴隸之自由。若夫思想自由，凡百自由之母者，則政府不禁之，而社會自禁之。以故吾中國四萬萬人，無一可稱為完人者，以其僅有形質界之生

命，而無精神界之生命也。故今日欲救精神界之中國，捨自由美德外，其道無由。」——《十種德性相反相成義·自由與制裁》

無暇及此　沒有空閒或機會顧及這。

表證　表現和證明，也即明證。

法、普、奧　即法國、普魯士、奧地利。

自由是權利的根本，所以就也是權利的明證。梁啟超認為，人之所以成為人，除了生命外，就是自由；沒有生命，當然不成其為了人，但沒有自由，也不能成其為人。生命是人的生物規定，自由則是人的社會規定，一個是物質的生命，一個則是精神的生命。沒有了物質的生命，精神的生命自然無所依存，但沒有了精神的生命，人就只是行屍走肉，與動物沒有區別。人只要出生，就有了物質的生命，對於一個活著的人來說，物質的生命是已有的，而精神的生命則需要爭取。所以，文明國家的國民為了爭取自由，就寧願犧牲物質的生命。如果從表面看，清朝末時候由於朝廷受到連續衝擊而嚴重削弱了統治能力，中國似乎空前自由，人民的交通、遷徙沒有官吏來干涉，居住、生活沒有官吏來干涉，置辦、經營沒有官吏來干涉，信仰宗教沒有官吏來干涉，通信沒有官吏來干涉，甚至集會、言論也已經沒有什麼

官吏來干涉，憲政國家憲法規定的各種自由在形式上，幾乎可以說已經十分完備，整個中國空前自由，但是，梁啟超認為這並不能稱之為憲政意義上的自由。為什麼呢？他認為自由有自由之俗和自由之德兩個層次的區別，自由之俗是外在的、表象的，自由之德是內在的、本質的。自由之德是自由的本質規定，既不可他賦也不可被他人搶奪，是人民自己爭取而享有的天賦人權，所以，憲政國家以民權為根本，而不是以官權為根本；國家的根本權利掌握在人民手中，而不是掌握在政府手中。清朝末中國人的所謂空前自由狀態，僅僅只是中國以往野蠻自由習俗的大爆發，僅僅只是一個偶然的幸運，而不是中國人民得到了人權，不是中國人民真正得到了法定的自由權利。之所以有這個幸運，不過是因為清朝統治者統治藝術的衰敗導致，在內憂外患中顧了這頭顧不了那頭，行政面臨崩潰，政事沒有人打理，對人民所獲得的形式上的自由沒有空暇和機會來干涉。實際上，中國人民眼前的所謂自由，官吏隨時可以給予干涉和禁止，人民隨時會失去這些所謂的自由。因此，與其說這是自由，不如說這是「奴隸之自由」，僅僅是主人不在或忙亂時候，奴隸獲得的一個喘氣、遊戲機會，一當主人吆喝，一切就可以不再存在。奴隸之自由，無論怎麼自由法，終究改變不了奴隸的身份。梁啟超認為，一切形式上的奴隸自由都不是真自由，但在專制制度下，只有思想的自由是可以特例，因為權力無法干預到人們的頭腦當中。而思想自由，恰恰就是中國人民爭取自由、人權、民權的發軔機，是創造自由的精神源頭。梁啟超指出，危害思想自由的最可怕的地方，是「政府不禁之，而社會自禁之」。思想自由在本質上難以由政府徹底禁止，任何強大的試圖禁止思想自由的政府，實際上都不會具有這樣完全的能力，因為要徹底禁止思想自由，政府就必須做到實際的禁錮行動和手段覆蓋到每一個人，而這僅僅依靠政府的力量是根本無法做到的。要做到禁止思想自由的唯一途徑，只能是「社會自禁之」。所謂「社會自禁之」，也就是整個社會由蒙昧主義所統治，人民自己處於徹底的蒙昧主義精神桎梏當中，這一桎梏已經不是外加，而是人民自覺給自己加以桎梏，以蒙昧主義為自己的自覺精神，從而，偶有進行自由思想的人，即使政府不採取禁止行動，人民自己也會將其扼殺、戕害。梁啟超認為，清朝末中國四萬萬人雖然暫時有著形式上的自由，但卻陷入在蒙昧主義當中而不自拔，沒有一個人具有完全的人的人格，只有物質意義的生命，而沒有精神意義的自由的生命。中國人要得到真正的自由，不能被一些暫時的形式上的自由所迷惑，不能沉迷在「奴隸之自由」而不醒悟，而必須要追求實質性的精神的自由，除此以外，別無途徑。既然真自由的本質規定不在於形質，不在於自由之俗，而在於權利，在於精神，在於自由之德，那麼，就要從追求思想自由開始，要從破除人民的蒙昧主義開始，進而可以有人民自己的言論自由世界，那麼，人民也就有了精神統一，進而可以有行動的統一，以能聚集起強大的力量爭取自己的權利。

第五篇：自治、公德

一

「群之道，群形質為下，群心智為上。」——《變法通議・論學會》

人是群體動物，這是由生物社會學和人類學所充分證明了的。所謂群體有兩類，一是自然的群體，二是人為的群體。自然的群體是任何人所不可逃避的和必須經歷的人群，在人出生之後就是如此，由此而獲得學習，不再只是生物的人，而成為社會的人。自然的群體並不一定有互相明確的約束規則，不一定有清晰的人群邊界，更呈現出的是人類性，或者說人的類性。

當人們按照一定的約束規則組合成特定的人群，也即部分人自我聚集而組合的一個人群，就屬於了人為的群體。人為的群體主要呈現出的是人的社會性，具有邊界明確的組合就是社會團體。社會團體有各種各樣的類型，總體上可以分為形質類型的和心智類型的兩類。所謂形質，是指物質性層次的形式，以此而組成的社會團體缺乏牢固的紐帶，比如金錢團體、娛樂團體。所謂心智，是指精神性層次的內涵，以此而組成的社會團體有著牢固的紐帶，比如信仰團體、理想團體。所謂紐帶的牢固，並不就是組織的嚴密，更不是什麼鋼鐵般的機械組合，它可能是緊密的，也可能是鬆散的，它決定於人們靈魂和心靈的接近程度。比如某個組織雖然以某種信仰為旗幟，但卻並不是以自由的真實的信仰為原則，或者是採取權力強制人們加入，或者是以金錢誘惑他人加入，實際加入的人們並沒有具備共同的靈魂和心靈，因此，該組織並不屬於心智層面的團體，而只能將之歸入到形質層面團體的類型中去。

所以，梁啟超認為「群形質為下，群心智為上」，即形質類型團體屬於低的層次，心智類型團體屬於高的層次。

二

「凡人有自治之性者，外力不得容易干涉之。中國所以屢為異種所統治，而不變其性俗者，蓋賴此也。」——〈論中國人種之將來〉

性俗　習性風俗。

賴　倚靠，由於。

梁啟超認為，一個國家的人民如果具有自治的性質，外來力量就很難實現對這個國家的侵略、壓迫。梁啟超這一思想來源於孟子。《孟子・離婁上》：「夫人必自侮，然後人侮之；家必自毀，而後人毀之；國必自伐，而後人伐之。」意思是人一定是自己不尊重自己，他人才會侮辱、欺負他；一個家庭一定是自己內部有了破壞，別人才會破壞這個家庭；一個國家一定是自己內部侵軋，外國才會侵略、征服這個國家。就國家思想來說，梁啟超繼承了孟子內修與外伐關係的基本哲學精神，但在政治學層次則超越了孟子。孟子誠然具有民本精神，但前提是承認君主的專制，他是治民，而不是治於民，要求君主實行仁政，以避免人民激烈反抗，當然，如果君主達到了桀、紂的暴政程度，人民也有權利起來將其推翻，這是孟子在中國古典思想中極其偉大的地方之一。孟子的民本屬於古典主義的民本，梁啟超的民本則是現代主義的民本。古典主義的民本與民權相割裂，或僅僅只是承認極其有限的允許一定程度反抗的民權，現代主義的民本則與民權是二而一、一而二的關係。古典主義的民本以承認專制為前提，以民本而勸戒專制統治者執行仁政，現代主義的民本則不承認專制具有任何合法性，只承認憲政。

專制主義是治民，憲政主義是民治。梁啟超的一生，對於使用「民主」一詞始終非常謹慎，他更習慣使用人民自治或國民自治——民治——這一語詞，這是有著深意的。在中文語境中，民治一詞自然含有人民治理國家的意思，但更包含著人民自治的意思。聯繫到國民黨的黨國與共產黨的黨國事實，不得不喟歎梁啟超謹慎用詞之深邃。無論國民黨的黨國還是共產黨的黨國，名義上都不否認乃至高舉民主大旗，但唯於一個「治」字上進行了篡奪，不承認或不接受民治，而實行黨治，甚至是更糟糕的黨軍之治或軍黨之治。民主—黨治，民主—民治，奧妙都不在「主」上，而在一個「治」上。中國有著鄉治傳統，專制時代的背景誠然是官治、官主，但官治、官主並不具體到全面，因而，鄉治有著民主的涵義，但這一涵義與現代民主並不一樣，主要來說是一種紳主、士主，或可稱為紳士之主，這種紳士之主的民主不涉及國家權力，而憲政民主的核心則是國家權力問題。現代民主與鄉治民主當然有著對立性，但是否也有著可以相容的一面，則是個非常值得探討的問題。就學理而言，梁啟超更考慮到世界憲政制度的共通性，認為當在君主立憲制度下，使用「民主」一詞在邏輯上並不通。因此，梁啟超儘量避開使用民主一詞，而使用民治一詞，並且，也更偏重於人民自治的意義上使用該詞。他認為無論是社會基層的民權還是國家層次的民權，都可以視作是人民自治權利及其制度。梁啟超認為，中國在長期專制統治下，國民有著強烈的奴隸性，而要實現憲政就必須解決這一國民性困境。奴隸性的特點是不能意識到自己的天賦人權，把權利視作為外在的，一切聽憑、服從於外在的強權，或者依賴於他人為其爭取權利，解決這一國民性困境的出路，就是使國民自覺意識到自己的權利，從而國民能夠爭取和運用屬於自己的權利，首先達到自我治理，從而才能夠達到國家治理。當人民能夠自治，則人民能夠形成有形的良性群體，就能夠形成巨大的凝聚力，達到民強。當達到民強，則國一定強，任何外來威脅和衝擊就都不能造成亡國的命運。中國古代雖然有著鄉治傳統，甚至可以稱為鄉治民主，但即使不考慮政府的專制背景，它也不是平等、自由下的人民廣泛自治。梁啟超是個非常講究論理學（邏輯學）規矩並深有研究的人，又有著很扎實的文字學功底，涉及概念時候對每個字的使用都極其講究，尤其考慮中文語境下的涵義，比如他並不承認古希臘、羅馬的民主制度，認為這種說法在邏輯上不能做到完整自洽，因為所謂的民，沒有把主要的人口組成部分奴隸包括進去。鄉治之自治誠然是中國古代社會比古代歐洲更人道、平等之處，但就如整個國家的性質是專制一樣，鄉治當中也是以專制為主要性質的，反過來說，即使紳士，當其面對國家權力時候也是以奴隸性為基本，所謂的自治權利只是國家權力的部分轉借，而一般鄉民面對獲得這一國家權力轉借利益的紳士時，也是以奴隸性為基本。國民普遍的奴隸性並不因為鄉治而使得民強，長期的民弱導致國家長期的虛弱，因而，中國自古受盡外族的侵伐痛苦，並屢屢被外族統治，而鄉治也恰恰成為外族便於統治中國的便利社會基礎，也即擊敗中國政府的外族只要繼續維持這一社會傳統，人民不知有國，更替一個統治集團對於人民來說並不是什麼亡國滅種的事情。梁啟超曾描述：「義和拳起而家家束紅巾，聯軍入京則家家懸順民旗，革命軍起則競纏白布，國民黨解散則提燈祝賀。此四事者若絕不相蒙，且若適相反。」（〈良知（俗識）與學識之調和〉）義和拳暴亂與八國聯軍侵入，革命黨興起與國民黨被袁世凱解散，完全就是對立的事情，但中國人都會自然順從、回應乃至歡呼，因為，對於沒有權利意識的中國人來說，誰統治國家都是一樣，自己永遠只是被統治的老百姓。

三

「國有憲法，國民之自治也。州郡鄉市有議會，地方之自治也。凡善良之政體，未有不從自治來也。一人之自治其身，數人或十數人之自治其家，數百數千人之自治其鄉其市，數萬乃至數十萬數百萬數千萬數萬萬人之自治其國，雖其自治之範圍廣狹不同，其精神則一也。一者何？一於法律而已。」——《新民說・論自治》

梁啟超認為，憲政國家的權利特點就是小到一村、一鄉、一社團，大到整個國家，都是國民的自治。就政體而言，無論國體是君主立憲還是共和立憲，國家的自治依據是憲法，地方自治必須通過議會。梁啟超不認為一當國家從專制轉型為了憲政，就一定會成為良善的憲政國家，具體而是會跟民族性、國民性等種種複雜因素相關。進步有不同特點，但不管如何，成為良善的憲政國家，一定與這個國家的自治水準有關，是由良好的國民自治所造就的。梁啟超所說的自治，已經不侷限於政治範圍，而是有著廣泛的內容，涉及到了國民人格、品行、道德等等，因此，他認為，個人要能夠自我治理，家庭要能夠自我治理，團體要能夠自我治理，一鄉一市的民眾要能夠自我治理，這樣擴大而為國家的全體國民自我治理，就進行自我治理的人數來說範圍不同，但精神都是一樣的。那麼，從憲政角度來說，這個精神是什麼呢?那就是法律，也即所有人的守法，整個國家的法治。

四

「中國人缺於自治之力，事事待治於人。治之者而善也，則大綱粗舉，終不能百廢具興也。治之者而不善也，則任其弛墮毀敗，東手而無可如何。」——〈論中國國民之品格〉

弛墮毀敗　廢弛墮落毀壞破敗，即敗壞。

雖然梁啟超孜孜追求實現憲政，以希望推動中國趕上世界歷史進步的步伐，但始終認為前途困難重重，而其中原因則跟中國人缺乏自治能力有密切關係。對於中國人的自治形態，梁啟超有著正反兩面的認識，一方面堅持肯定中國悠久的自治傳統，另一方面又堅持批判中國人的自治能力。肯定自治傳統是從鄉治歷史角度而言，鄉治誠然與憲政的自治不同，但畢竟是一種自治，既維持了社會的穩定，又分讓了政府的一部分權力，使得中國社會具有頑強的地方凝聚力和自我保護精神，因此，在清朝末亡國論日益興起的背景下，梁啟超也由此堅定認為中國只是處於亡國危機當中而絕對亡不了，所謂亡，至多不過就如以往數千年中常見的那樣，只是改朝換代而已。但是這種自治畢竟不是真正的人民自治，整個中國氾濫著奴隸性，缺乏以個人普遍自治為基礎的文化，因而，當在實現憲政的過程中，這一缺陷就會成為極大的障礙。中國人習慣於讓他人來治理自己，而不是首先求諸於己，或者就走到另一個極端，從奴隸性而爆發出野心，不善於彼此之間的平等合作，滿腦子不是被人治就是治他人的念頭。如果中國人不改變這種狀況，那麼，國家的進步就會依賴那些領袖分子了。遇到比較好的領袖，國家治理的一些要點還可以得到粗略建設，但試圖有全面的建設則難以得到。遇到比較不好的領袖，那就十分糟糕了，各方面的建設都會面臨敗壞，誰都只能束手無策，無可奈何。問題在於，即使是憲政時代，領袖跟專制時代一樣，也是很難得有好的出現。人民不能自我治理，把希望寄託在遇到好的領袖上面，終究不是中國的幸事。

五

「凡能合群以成國且使其國卓然自樹立於世界者，必其群中人具有知己知彼之明者也。若是者，無以名之，名之曰國民自覺心。然欲使此自覺心常普遍而明確，則非國中士君子常提命之而指導之不可。而欲舉提命指導之責者，其眼光一面須深入國群之中，一面又須常超出於國群之外。此為事之所以至不易也。」——〈敬舉兩質義促國民之自覺〉

卓然　突出的樣子。

明者　明智的人，睿智的人。

士君子　有學問、有道德的人，引申為時代的先行者。

提命　親自教誨。

至不易　極其不容易，指非常困難。至，極至，非常。

雖然憲政的基礎是自由和法治，而自由的根本在於個人主義，但梁啟超對個人主義並不闡揚，或很少涉及。是他不知道個人主義嗎？不是。作為中國最早全面闡述自由精神的思想家，梁啟超雖然很少直接倡導個人主義，但他的自由思想，始終是以個體的人的自覺為原則。正是在個體的人的自覺環節上，梁啟超有著他特別的批判精神，這種批判不是否定個體的人，而是針對中國的實際情況，對個人的自覺意識進行批判。在根本上由於長期的專制歷史，中國人的血液中不知有國，不知有群，只知有己，如果把這稱為個人主義的話，那麼，可以稱為是一種壞的個人主義。這種壞的個人主義內在具有把自己與社會割裂開來的嚴重傾向，缺乏作為人的類性、社會性的個體的自覺，而更具有作為人的動物性的自覺特徵，這樣，個人與個人之間就缺乏了保持自身自由本質的平等合作自覺，彼此之間難以結合為自覺的、法治的群體。在這樣的情況下，中國人之間的群體關係，就總是由奴隸性加強權為紐帶而組合，這誠然也屬於是人的群體，但並不是實現憲政所對應的現代意義的群體。因此，梁啟超的重點就不是闡述很容易被中國人誤解、歪曲和利用的個人主義，而是著重於了人們如何進行自由、平等合作的關節點上，著重於了提倡現代意義的群體上。也就是說，在幾乎人人都認為中國就是一盤散沙的時代，在個人與群體之間，梁啟超強調的是群體，而在人的群體性上，他強調的是「合群」，也即作為個體的人應該如何實現自由、平等合作的自覺。梁啟超告訴充滿亡國危機了的人們，凡是能夠卓然獨立於世界的先進的憲政國家，人民都是能夠合群的。那麼，中國該如何解決合群這個困境呢？必須要通過啟蒙。中國人並不是天然的蒙昧主義，蒙昧主義曾是人類的普遍現象，歐洲之所以率先擺脫蒙昧主義，乃是因為有了一批在文藝復興之後逐步湧現和成長的啟蒙先行者。啟蒙先行者一開始人數並不多，但他們卻意味著國民自覺的開始，代表著一個民族和國家的良知，因而他們就是國民自覺心。先由先行者的國民自覺，通過他們的啟蒙努力，擴展而為全體國民的自覺，從而使一個國家有了普遍的、明確的國民自覺心。先行者們要做到這樣，就既要把眼光深入到本國民眾的靈魂深處，也要把眼光時時得注視向全球，也即既要有深邃的思想，也要有容納世界的胸懷。要完成啟蒙，是很艱難的。

六

「能自治之民，平和可也，破壞亦可也。平和時代，則漸進焉；破壞時代，則驟進焉。不能自治之民，則固不可以享平和，亦不可以言破壞。平和時代，則其民氣惰而國以敝；破壞時代，則其民氣囂而國以危。」——〈近世第一女傑羅蘭夫人傳〉

驟進　即急進。　　囂　喧嘩，喧囂。
敝　破，壞，舊。

平和，就是和平的、正常狀態的社會。破壞，就是戰爭的、革命狀態的社會。梁啟超認為，在一個國民能夠自治的國家，不管是遇到和平還是戰爭，處於常態還是革命狀態，整個社會都不會有災難性情況出現，所以說「平和可也，破壞亦可也」。平和時代，社會發展是漸進式的。破壞時代，社會是驟進式的。在梁啟超看來，國民自治不僅是一種制度，而且更是一種國民品格和能力。一個國家即使建立起了自治制度，但如果國民沒有養成適應自治的品格和進行自治的能力，無論是在平和時代還是破壞時代，尤其當是革命時代時候，災難很容易降臨。

梁啟超對法國大革命有很多批判，他認為法國大革命之所以出現災難性的血腥恐怖，跟追求自由、平等、人權沒有關係，而是跟法國人還沒有養成自治能力有密切關係，跟法國人衝動散漫的民族習性有著密切關係。梁啟超始終否定法國大革命血腥恐怖，但不否定法國大革命本身。他認為法國人的民族習性不容易很快養成自治能力，因而導致了革命向血腥恐怖發展，但如果不革命，則法國就不能進步，法國人也永遠將無法養成出憲政下的國民自治能力。血腥恐怖應該避免，因此，梁啟超主張中國儘量不走到法國革命的道路上去，而爭取選擇英國道路，但是，當革命歷史性地降臨到中國頭上，中國也不能拒絕革命；即使進行暴力革命，也必須避免屠殺。從表面看，梁啟超既反對暴力革命，又包容甚至支持暴力革命，似乎十分矛盾，但其實他有著完整的邏輯自洽的學理系統，並是根據中國的實際而進行思考和闡述。他認為，革命一定是破壞的，包括爭取走和平道路的維新運動也同樣是破壞的，但這種破壞的根本目標是制度，而不是人身，也即屠殺不是目標，因而應該反對屠殺。破壞只是變革的手段，是變革的一個階段，必須最終歸結到建設上面，也即破壞是為了建設，建設則不得不有所破壞。究竟會如何，依賴於人的努力，而能夠努力到什麼程度，決定於國民自治能力是否能夠養成。不能自治的人民，平和時代也難免災難，更不用說破壞時代了。在平和時代，國家會因為不能自治的人民的怠惰而衰敗、破敗；在破壞時代，國家會因為不能自治的人民的浮躁、囂張而危亂。

梁啟超與孫中山的區別，並不在於要不要進行暴力革命上，而是在於梁啟超認為進行暴力革命是一個國家的大不祥之事，是實在出於無奈的選擇，必須要努力爭取國民少流血的道路，而孫中山則是將暴力革命視為唯一的道路。梁啟超並不反對對於中國屬於必要的暴力犧牲，比如他一當判斷德國會在第一次世界大戰中戰敗，便立即改變立場，成為推動中國參戰以獲取利益的主要主張者，而積極主張暴力的孫中山則堅決地反對中國參戰。正是這種差異，在國民普遍缺乏自治意識和能力的背景下，梁啟超就越來越被十分容易刺激出暴力革命興奮精神的人們所拋棄，而孫中山則越來越為人們所接受，但是，經歷了從暴力革命走向暴力革命的災難深重的中國人今天回頭一看，孫中山誠然值得敬仰，但梁啟超更有著深邃的智慧。

七

「可以說今日的中國人，正是毛蟲變蝴蝶時代。用一番脫胎換骨工夫能夠變得成，便是極美麗自由的一隻蝴蝶，如其不然，便把性命送掉了。我們今日個個發憤學做現代的團體生活，如其不肯學或學不會，不惟團體嘩喇下去，便連個人也決定活不成。今日中國最大的危險在此。」——〈教育與政治〉

發憤　即發奮。

在領導護國反袁運動之後，梁啟超逐步脫離政界，但其實並不能徹底，主觀原因則是他本身不能徹底放下憂國之心。護國戰爭剛開始時，梁啟超即已經明確判斷：袁世凱「逆賊不患不亡」，但是，「莽、卓伏辜，大亂方始，當知此實為今後無可逃避之禍矣」（梁啟超〈致蔡鍔（第一書，一九一六年一月八日）〉）。辛亥革命後，梁啟超希望維護國家穩定，即使對袁世凱並不信任和滿意，也還是盡力對其支持，但梁啟超這種支持是有起碼底限的，因此，一方面認為國內戰爭是大不祥的事情，一方面則堅定地與蔡鍔共同領導武裝反袁，不惜以流血捍衛共和制度。梁啟超的崇高在於，他反對流血而不拒絕流血，並睿智地洞見到了中國將由此「大亂」的悲劇命運。所謂悲劇，就是明知地獄而不得不入，所希望堅守的只是人類和國家最無奈的人格和制度，所以，悲劇總是與崇高相孿生。

對於梁啟超來說，中國要重新立到世界文明之林當中，就必須實現憲政，憲政可以是君主立憲，也可以是共和立憲，這一差別並不重要，但既然辛亥革命以後已經建立了共和制度，那就必須為實現共和立憲而奮鬥，絕不能倒退到君主時代。梁啟超認為，共和也有專制與憲政之分，但辛亥革命建立共和制度是以憲政為目標的，這就已經確立了中國的發展方向。要實現憲政，中國會面臨很多困難，但應該儘量避免發生暴力革命和國內戰爭，為此，就不得不暫時接受袁世凱的統治，接受緩慢達到憲政的道路。袁世凱的稱帝從根本上打破了中國向完全憲政緩慢而平穩過渡的歷史走向，國家「大亂方始，當知此實為今後無可逃避之禍矣」。儘管如此，梁啟超並不願意放棄憲政理想，以為中國總體上還是屬於毛蟲向蝴蝶進行變化的過程當中，存在著蛹化為美麗蝴蝶的可能。但是，這也正是最危險的階段，如果不能蛹化，就不是成為蝴蝶，而是死亡，也即中國不是演化為憲政國家，而是演化為專制國家。袁世凱之後，國家大亂是事實，無法逃避，但軍閥等只是表象，根本還是決定於人民是否能夠養成自治能力。人民能夠自治，軍閥和專制就失去社會基礎；不能自治，軍閥和專制就會擁有社會基礎。梁啟超始終認為，中國人誠然缺乏自治能力，但自治也是可以通過教育和訓練養成的，其重要途徑和手段就是各種社會團體，讓人們在社會團體中學習和掌握自治，由此而逐步發展為全民的品格。

八

「凡自尊者必自治。人何以尊於禽獸？人有法律，而禽獸無之也。文明人何以尊於野蠻？文明人能與法律相浹，而野蠻不能也。」——《新民說・論自尊》

浹 jiā／ㄐㄧㄚˊ，融洽。

尊有兩個意思：尊重和尊嚴。奴隸既不受尊重也沒有尊嚴，所以奴隸無尊。雖然不是奴隸，但卻是奴隸性品格的人，自然就是缺少尊重和尊嚴。尊首先不是他賦的，而是首先在於自尊。有他尊，不等於有自尊；有自尊，則方有他尊。所以，自尊是人的尊重和尊嚴的根本所在。中國人有著深重的奴隸性，缺乏自尊，也缺乏他尊，所以互相的相處要達到現代意義的自治十分困難。當自尊的人一起，就也有著充分的他尊，人群自然就能夠達到自治。所以，梁啟超說：「凡自尊者必自治。」現代意義的自治是法治的，從整個人類史而言，可以說是法律的。人之所以比禽獸有尊重和尊嚴，在於當人從動物進化到人類時候，也有了法律——自然法。文明是個相對的概念，在國家時代，文明與野蠻是文明程度的區別。野蠻人誠然有法律——自然法和國家法，但野蠻人並不能達到法治。文明人之所以比奴性的野蠻人更有尊重和尊嚴，在於文明人與法律的關係達到了融洽，所處的社會是法治的，由法治而自治，由自治而法治。

九

「權利思想者，非徒我對於我應盡之義務而已，實亦一私人對於一公群應盡之義務也。」——《新民說・論權利思想》

徒 只，僅僅。

公群 公共群體。

在中文語境中，權利一詞具有權力和利益兩層含義。當這兩層含義糾結在一起時候，與權力一詞的分界如果忽略定語的規定，權利與權力就會發生混淆。因此，對權利和權力兩詞的理解，必須注意明確的或內涵的定語規定。當以專制為前提時，由於國家的私有性，權力只屬於統治者，統治者並用權力獲取利益，因此，權利屬於統治者，人民只有很有限的利益，而沒有權力。憲政時代，民權興起，從根本上來說，政府權力來源於民權的賦予，國家無權，也沒有利益可言，因而，權利的根本屬性歸於人民。在具體的權力分配上，國家與人民屬於兩個不同的權力主體，而國家則是通過政府而具象化，也即國家屬於人民，但政府作為國家的轉化形式而與人民拉開了距離，國家的權力轉而為政府的權力，這一轉化具有異化的屬性。因此，即使在憲政國家，政府在國家權力的異化中，也時時有著與人民進行權力對立的現實傾向和衝動。要解決這一困境，人民誠然要對政府的權力本身進行限制，但核心則在於不承認政府有任何僅僅屬於政府的利益，也即政府通過權力所獲取的一切利益都不屬於政府，只屬於人民，只是人民利益在政府的暫時儲存，或者說所謂的的政府利益只是人民利益的一個公利益形態。繫於此，政府的全部利益都必須要通過公共服務和管理分配給人民，人民有向政府索取必須屬於自己利益的權力。人民的權力和利益合而為一，稱為權利，或也可稱為權益。

歸結來說，在憲政國家，承認政府權力，但不承認政府權利，權利只屬於人民。由於權利屬於人民，因此，政府權力也只是公權力。政府是具象的，人民則是一個整體稱呼，具有抽象性，其具象的基本是個人，因而，人民權利的基本面是私人性的，其本質規定屬於私權利。真憲政與偽憲政的區別就在於是否承認民權的私性，真憲政承認和捍衛一切私權利，偽憲政則將私權利抽空而為抽象的人民權利，也即不承認人民的個人性具象。私權利一定是私人的，但個人不是孤立著的，他們累加而為人民整體，構成為國家的本體，因而，每個個人都也具有公性，這就是公民。人民當然是個正當的範疇，但抽象性使得它不如公民的範疇更具有實在性，因而，在憲政國家，公民範疇具有更重要的意義。公民誠然要向政府索取自己的權利，但之所以為公民的另一面也是要承擔必要的公共義務。公民所承擔的公共義務有兩個方面：一是必須有一定的奉獻，最重要的是納稅和兵役；二是必須有一定的公共參與，最重要是選舉和監督。簡單說來，就是公民必須要承擔公共利益和進行公共管理。這兩個方面既是公民法定的責任，也是公民的基本道德，歸結而為公民的自治及其公德。

十

「我國民所最缺者，公德其一端也。公德者何？人群之所以為群，國家之所以為國，賴此得焉以成立者焉。」——《新民說・論公德》

什麼是公德？公德是公共社會中人們平等相處和合作的自覺行為準則。道德源於二人相處，也即當人僅僅是一個人時候，無所謂道德與否。從這個角度說，一切道德皆為公德。但是，這樣說除了指出道德的公性外並無意義，因為道德更主要的特徵是私性，或者說私德性。具體的道德主體永遠是個人的，也即是通過個人行為而現實地表現著的，因而，一切道德準則都是對個人行為的規範，並由個人行為而具體體現。公德的目標不是強調道德的公性，而是強調公共社會中人們行為的道德性。僅僅就道德而言，中國是世界主要文化體系中最具有突出性的，是最為講究道德性的民族。道德是中國古典哲學最主要的內容和特徵，因此甚至可以把中國古典哲學直接稱為道德哲學。但是，中國向來卻是私德盛而公德頹。這由兩個方面的原因決定：一是國家的私有導致社會由專制強力聚合，從而缺乏公共社會；二是個人與個人之間的關係以親親為原點，隨著親疏關係的變化而發生層級繁雜的差等。這樣，中國就重私德而輕公德，以一人、一家、一姓為核心，道德與專制相因應，具有服從與被服從的性質。處於道德關係中心的人制定道德準則，並擁有對他人道德進行評價的權力，他人則缺乏道德自覺，而無論自覺不自覺，都必須服從，被服從者自己則完全取決於自覺，行為是否符合於自己所制定的道德準則並不等於是否道德，也即作為道德關係核心的一人、一家、一姓無論如何不道德，都是絕對道德的。由於這一傳統，所以，梁啟超便說：「我國民所最缺者，公德其一端也。」公德的興起，必須要打破親親等差，也即任何發生相處和合作關係的人們，都必須是平等的，不存在某個制定道德準則的核心，更不存在人與人之間單向的道德服從與被服從關係。也即每個人都具有道德的自覺性，彼此形成有共同的道德觀念，並互為道德評價者。這樣，人群之間的聚合，所依靠的就不是強力，而是人們自由形成，這種人群在一定疆界中的最大化就是國家。這是什麼性質的國家呢？當然就不是專制國家，而是憲政國家。專制國家無論如何講究私德，都不是建立在公德基礎上。君要臣死，臣不得不死；父要子亡，子不得不亡；夫要妻出，妻不得不出。至於君該不該死，父該不該亡，夫該不該出，臣、子、妻則無權過問，問則意味著失位，是為叛臣、逆子、惡妻。憲政國家則必須要以公德為基礎，社會公德頹喪，憲政也就難以建立，建立了也必然頹敗。

十一

「上不懼破壞，則惟愚民焉，壓民焉，自以為得計，而因以胎孕破壞。下不懼破壞，則以談破壞為快心之具，弁毛公德，不養實力，而因以胎孕破壞。然則欲免破壞，捨上下交懼，其奚術哉？」——〈近世第一女傑羅蘭夫人傳〉

上　指統治者。

下　指被統治者，或者指底層人民。

胎孕　即孕育。

快心　使心快樂。

具　器具，工具，喻指手段。

弁毛　即弁髦。弁，biàn／ㄅㄧㄢˋ，一種帽子，可用來束髮。弁髦，指古代成人禮後把用來束髮的帽子去掉，引申為沒有用、輕視。

實力　實在的力量，喻指實實在在的生存、合作能力。

奚術哉　有什麼方法啊？奚，疑問代詞。

如果統治者不懼怕社會大破壞，抱著我死以後管他海浪滔天的心理，就一定會採取愚民手段使被統治者愚昧化，就一定會採取壓迫手段使被統治者服從，然後就自以為得計，這樣，社會的大破壞也就被孕育了。如果被統治者不懼怕社會大破壞，抱著一夜改變命運的念頭，就一定會把議論、高喊破壞口號為滿足手段，不講究社會公德，把社會公德當作沒有價值的東西拋棄，自己則越來越缺乏靠正當職業和手段生存、發展的能力，這樣，社會的大破壞也就被孕育了。梁啟超認為，暴力革命由於有著社會大破壞的趨勢，應該儘量給予避免，但是，一個社會之所以造就出大破壞的暴力革命，其動因主要不在於革命者，而是在於統治者自己，是統治者抱著我死以後管他海浪滔天的心理所造就，統治者一味進行愚民、壓迫人民，從而導致革命黨得到同情和支持，隊伍日益壯大。這正是梁啟超同情、包容乃至支持暴力革命的原因。但另一方面，統治者一面的原因並不能夠構成革命者隨意製造社會大破壞的理由。被統治者起而革命，不能以革命為目的，而必須要以爭取政治的和社會的革命為目標，如果僅僅以破壞為滿足，不具備公德，不養成建設的能力，就也應該受譴責和反對。只有當統治者和被統治者都懼怕由於自己的原因而導致社會大破壞時，社會大破壞才有可能得到避免。

十二

「國民者個人之集合體也，人人有高尚之德操，合之即國民完粹之品格。」——〈論中國國民之品格〉

完粹　完整純粹，喻指完美。

國民首先是指個人，其次是指作為國民的個人的集合。個人不是國民，則就沒有集合的國民，所以，個人的道德水準的累加決定了一國國民總體的道德水準。集合的國民作為一個社會學、政治學範疇具有抽象性，其實在性決定於個體的國民天然的實在性。欲提高一國國民的道德水準，只能是從一個個實在的個人著手，個人本身則應該從自己承擔起作為國民的責任和義務。梁啟超認為，世界歷史誠然有其進化程式，但這一程式並不等同於每個民族都能夠擁有，從野蠻而文明，從專制而憲政，終究決定於各個民族自己的努力，凡不努力的，就只能面對亡國滅種的結局。所謂努力包括著很多方面，而作為國民的道德情操則具有重要意義。具有完美品格的國民，無論外在威脅如何，不僅不會遭受亡國滅種的命運，更可以立於世界先進之林。所以，一個國家的命運將會如何，可以通過考察其國民品格而判斷。

十三

「公德盛者其群必盛，公德衰者其群必衰。公德誠人類生存之基本哉。」——〈論中國國民之品格〉

的確。誠

在國民品格中具有核心意義的是公德。既然國家的本體是國民——人民，國民便是決定國家命運的終極原因和力量。從整體而言，國家的盛衰與國民組織的盛衰密切相關，而國民組織的盛衰則決定於國民進行合作的能力，進行合作的能力最為關鍵和基礎的要素則是國民的公德水準。因此，可以說國民公德決定了一國的盛衰，沒有一個國家可以例外，這是整個人類的生存基本規則。

十四

「無論何種政治，總要有多數人積極的擁護——最少亦要有多數人消極的默認，才能存在。所以國民對於政治上的自覺，實為政治進化的總根源。」——〈五十年中國進化概論〉

梁啟超認為：「政治者以國家生存發達之目的，而表現於動作者也。」（〈袁世凱之解剖・袁世凱是否可稱為政治家〉）也即政治並不等於權力活動，而是只有當權力活動是以國家的生存和發展為目的時，才可以稱為政治。因而，政治不是一個貶義詞，也不是一個中性詞，而是一個具有褒義的語詞。凡危害國家的權力活動，都不能稱為政治，如袁世凱這樣的專制者就沒有資格稱為政治家。正因為如此，政治在梁啟超的政治學思想體系中，遠不是侷限於那些運用權力的人群，而是更屬於每個國民。在憲政國家，政治的主體更必須是國民，也即國民政治才是一國政治最主要的和最基本的內容。由於此，政府、政黨的政治就必須有國民的參與，國民應該給予擁護或默認，但當國民反對，則政府、政黨的政治也就不能存在。所謂國民政治，其本質也就是國民自治，或者說就是公民政治，由國民最終決定政府政治和政黨政治，而不是倒過來由政府政治、政黨政治決定國民政治。這樣，就要求每個國民都能夠有政治的自覺，也即由國民進行自覺的自治活動。當國民不自覺，政府和政黨就會脫離國民自治的軌道，以政治的名義而行非政治的——惡的——活動，一國政治就難以得到進步。所以，一國政治進步的總根源不在政府，也不在政黨，而在於國民的政治自覺。

第六篇：輿論、人格

一

「覘國之強弱，則與其通塞而已。」——〈論報館有益於國事〉

覘 chān／ㄔㄢ，察看，觀察。

通塞 暢通與堵塞。

一國之內的通塞，意味著一國社會的活躍與僵死，所涉及的內容包括各個社會領域，基礎意義的有遷徙與居住自由、交通自由、貿易自由、通信與通訊自由、言論自由、新聞自由、思想自由、教育與研究自由、戀愛與婚姻自由、生育與撫育自由、集會與遊行自由、就業與罷工自由，等等。自由為通，不自由為塞。自由國家的社會活躍，不自由國家的社會僵死。社會活躍，則國家自然變得強大；社會僵死，則國家自然變得虛弱。

二

「立憲政治者，質言之則輿論政治而已。」——〈國風報敘例〉

質言之　即辨別而言，含有從實在而言、直接而言、簡要而言、從根本而言等意思。

立憲政治就其實踐來說包括很多方面，但梁啟超認為最根本之處在於輿論政治。在中國新聞和媒體史上，梁啟超是個轉折性人物，不僅在實踐上他是中國新聞興起的奠基人，更是在奠基時期就從理論上指出了輿論在一國社會中的必要地位和社會性權力，他把新聞看作了憲政國家屬於人民的最重要的權利形態。在憲政時代，民權基本體現方式有二：選舉和言論。選舉是通過個體的投票或不投票形成的總結果而決定國家的主要權力及其政策，是一個國家消弭暴力革命的權力分配和再分配的主要形態。民權進而體現的主要方式是司法訴訟、集會抗議及暴力自衛。當所有這些都失去效力，便可以由暴力自衛權利引申為推翻政府的暴力革命權，這一權利不是推翻國家，國家本就屬於人民所有，不存在將之推翻的問題。實現所有這些權利，人民可以通過個體進行，這是公民政治，但繫於公民政治力量的零碎，更主要的方式是各種社會團體及政黨組織。

法律既是所有這些自由權利的邊際，也是這些權利的行為依據和規則，而道德則是高於法律的良心依據。言論在個人為言論，在公眾為輿論。言論是表達、接受和傳播，也即人人有表達思想的自由，有接受他人思想的自由，有傳播自己和他人思想的自由。借助言論，民眾的意志得以表達，並通過接受和傳播而得以凝聚。因此，言論不僅是權利本身，也是權利的呈現，更是權利得以實現所必要的方式，從而就貫穿在人民全部的權利現實形態當中，也即任何具體的民權都必須與言論權相配套，才能夠成為現實的權利。就政黨政治而言，沒有輿論政治也就不會有政黨政治，也即在沒有輿論政治相配套情況下，所謂的政黨政治只是一種虛偽的假像，而不會是自由、法治的真實的政黨政治。簡而言之，凡憲政，就一定是輿論的政治。

三

「立憲政治所以異於專制政治者，以彼採秘密主義，而此采公開主義也。」——〈共和黨之地位與其態度〉

既然憲政的基礎是民權，因此，即使保留有君主，政治也必須向全民公開。政治不公開，就是不承認民權，或者就是剝奪民權，因為在不公開的情況下，人民就根本不能真實地參與政治，至多只能成為失去靈魂的投票動物。梁啟超在辛亥革命之前和期間，之所以不在乎君主制度和共和制度的差別，乃是在於他認識到無論是君主制度還是共和制度，都一樣存在著專制與憲政的選擇，即使共和制度之下，只要政治不公開，民權一樣可以被嚴重壓制。也就是說，無論是君主制度還是共和制度，只要是專制，就一定是秘密的，只有憲政才會是公開的。因此，不管國家名義上的制度如何，不管政治是以什麼樣的名義，是否是真的憲政——真的民權，政治是公開還是秘密，是放之四海皆準的衡量尺度。

四

「凡欲為國民有所盡力者，苟反抗於輿論，必不足以成事。」——《自由書・輿論之母與輿論之僕》

無論是專制時代還是憲政時代，都不等於政府官員有絕對不為民做事或為民做事的願望。是否有為民做事的願望首先是屬於道德層次的問題，專制時代與憲政時代的區別主要在於：專制時代主要依賴道德和利益的槓桿，從道德上旌揚做事的官員，從權力和經濟的角度獎賞做事的官員；憲政時代則主要依賴制度和職業的槓桿，通過制度令官員不得不把事情做好，把官職僅僅限制為社會職業之一，令就業者必須完成好自己的職責。對於具體做事的個人來說，即使有願意為民做事的良好願望，也並不等於就可以做事情、把事情做好，除了自身能力等原因外，首先要有能夠做事的機會，其次要有能夠把事情做好的條件，再次要有事情是否做好的評定。在專制時代，這三個條件全部集中於高級的權力者身上，機會由上級賦予，條件由上級配備，評定由上級決定。在憲政時代，在官僚體系當中，這三個條件由高級權力者和民眾分享，做事情的機會和條件誠然主要由上級負責，但受著民眾的監督，而在是否把事情做好了的上面，則主要將由民眾進行評價和判斷。這樣，當在專制時代就與輿論無關，做事情的人所關心的是上級的臉色；當在憲政時代就必然與輿論密切相關，做事情的人必須隨時關心輿情。在憲政時代，由於政治的公開化，不論動機如何，政治活動和政務活動都必須受輿論監督，如果與輿論徹底對立，就會面臨挫折和失敗。因為，輿論的內在精神是民心，民心是民權的意志所在，在民權國家民心的向背直接決定了政治活動和政務活動在根本上的成敗。

五

「去塞求通，厥道非一，而報館其導端也。」——〈論報館有益於國事〉

導端　引導的開端，意指導致某種事物狀態的原因和原初動力。

厥　那，那個。

道　道路，途徑，可引申為方法、辦法。

一個國家的閉塞有兩個方面，一是國內，二是國際。就其內容而言，有三個主要方面，一是人身的禁錮，二是物流的禁錮，三是語言的禁錮。所以，解決閉塞應該遵循的路徑也是如此，首通國內，次通國際，追求交通、遷徙、集會的自由以解除人身的禁錮，追求商業的自由以解除物流的禁錮，追求思想、言論、出版的自由以解除語言的禁錮。所有這些追求最重要的是解除語言的禁錮，因為，社會的任何進步和變革，都必須有賴於精神先行，並必須有賴於精神而凝聚力量，而語言則是人的精神的集中表現形態。思想、言論、出版的自由在古典時期所體現為的實體形態在於學校和書籍，這兩種實體形態在現代依然演進發展，但現代則更有了報紙。誠然，當有無線電後有了廣播，又有了電影、電視，又有了網路，但就它們的資訊內容的基本屬性而言，無非還是書籍和報紙的延伸方式。

書籍是人類語言最集中、最系統的經典載體方式。報紙則是人類語言最即時的經典載體方式，核心的特徵不是學術，而是新聞。所謂新聞，泛義而言不只是報導，而且也可以指快捷的知識、當下的言論、新見的事件。要而言之，書籍更屬於已經發生的知識和歷史，報紙更屬於正在發生的知識和歷史。因此，就當下的行動和運動而言，報紙更有著強大的即時精神能量，這是人類從發展緩慢的傳統社會進入快速發展的現代社會的資訊動因，是一個國家是否現代化了的首要標誌。關於這一點，梁啟超是中國最早的成功的實踐者，他雖然不是中國最早的新聞人，但以他為主要負責人和主筆人的《時務報》、《萬國公報》（後期改名為《中外紀聞》）造就了戊戌變法，之後由他負責和主筆的《清議報》、《新民叢報》等不僅造就了無數立憲分子，也造就了大量革命者，成為造就辛亥革命最重要的歷史性基礎和精神動力，可以說，沒有以梁啟超為代表的報紙運動，就不會有中國從十九世紀末到二十世紀初的急劇變革和現代化轉進。

六

「思想自由，言論自由，出版自由，此三大自由者，實惟一切文明之母，而近世世界種種現象，皆其子孫也。而報館者，實薈萃全國人之思想言論，或大或小，或精或麤，或莊或諧，或激或隨，而一一介紹之於國民。故報館者，能納一切，能吐一切，能生一切，能滅一切。」——《清議報一百冊祝辭並論報館之責任及本館之經歷・報館勢力及其責任》

或精或麤　或精細或粗陋。麤，cū／ㄘㄨ，同粗，意謂粗陋、粗糙。

或莊或諧　或莊嚴或詼諧。莊，莊嚴，嚴肅。

或激或隨　或激越或隨和。激，激烈，激越。隨，隨和，順從。

人類文明的進步無不是精神的產物，沒有精神的進步也就沒有文明的進步。人的全部自由都可以歸結為意志的自由，所以稱為自由意志；而意志則是精神的根本，所以也可以稱為自由精神。自由精神反過來也就是精神自由，而思想自由、言論自由、出版自由則是精神自由現代性的三大內容。思想自由不是指冥想的自由，而是指人們公共的思想方式的自由，因而，其最主要的內容是學術自由和教育自由，由學術而得思想之進步，由教育而得思想之發揚、繼承。言論自由不光包括說，更包括寫，主要是寫作自由、演說自由、聊天自由，從言論的媒介方式角度來說，突出體現為新聞自由和輿論自由，由新聞自由而把世界展示在陽光下，由輿論自由而把民眾的思想和意志宣示在陽光下，從而得以使國家和社會以精神的方式最少陰影地實現其存在。出版自由包括印刷、出版、銷售等自由，主要是辦報自由和出書自由，其他包括演出自由、播出自由、網路自由等等，總之就是通過出版而使人們的思想和言論轉化為媒體形態，並以一定的媒介方式得以保存和傳播，是精神的物質化形態。有精神自由，人便成為具有自由精神之人，於是也才有自由的現代文明社會和國家、世界，所以梁啟超稱為「一切文明之母」。其中對於社會當下的運動而言，又以報紙（報館）——新聞及輿論——為最重要，是憲政運動和國家的生命力所在，所以，梁啟超說：「報館者，實薈萃全國人之思想言論，或大或小，或精或麤，或莊或諧，或激或隨，而一一介紹之於國民。故報館者，能納一切，能吐一切，能生一切，能滅一切。」

七

「報館者，非政府之臣屬，而與政府立於平等之地位者也。不寧惟是，政府受國民之委託，是國民之雇傭也，而報館則代表國民發公意以為公言者也。故報館之視政府，當如父兄之視子弟，其不解事也，則教導之；其有過失也，則撲責之。」——〈敬告我同業諸君〉

不寧惟是　不僅僅只是如此。　　撲責　即責打。撲，杖打。責，責罰。

發　發表。

梁啟超認為，新聞機構——報館——並不是如專制時代那樣屬於統治者的臣屬，而是與政府處於平等地位。儘管中國還處於滿清專制皇朝統治之下，但梁啟超並不認為這種平等地位要等到實現憲政才可以有。這怎麼理解呢？所謂平等地位，在憲政國家直接具體體現為明確的法律平等關係，新聞機構按照法律而受政府的行政管理，但這種管理是法治的，新聞

機構與政府的法律地位則是平等的法人關係，不僅不受政府支配，更可以按照法律所賦予的義務和權利對政府進行監督，這就是新聞獨立。在專制之下，新聞誠然不具有這樣的法律地位，但新聞獨立除了法律關係之外，還有著政治獨立、言論獨立的內容，有著超越於法律的更多內容，是天賦的人權。也即專制制度下的法律不具有限制和壓迫天賦人權的合法性和正當性，新聞機構有服從於自身自由意志的天賦權利，可以按照自身的自由意志追求政治獨立和言論獨立。因此，儘管實際的法律地位不平等，但新聞機構可以根據自由意志而視作自己與統治者具有平等地位。總之，誠然還不是憲政國家和社會，但新聞機構可以從自由意志出發而視同為憲政國家和社會，以此決定和支配自己的行為，採取與政府平等的態度。不管是否處於專制時代，新聞機構不光要視政府為平等，更要認為政府只是國民的委託、雇傭來的，而自己卻是國民發表公共意志和公共言論的平臺，有著代表國民的身份，從而就更有著教導、批評、責備政府的資格。也就是說，梁啟超不僅認為新聞機構理應與政府有平等地位，而且認為新聞機構應該擁有超越政府的精神意志。

八

「報館者摧陷專制之戈矛，防衛國民之甲胄也。」——〈敬告我同業諸君〉

梁啟超認為，在滿清專制統治下，新聞人——從事報館事業者——應該承擔起時代的責任，用新聞和言論摧毀專制制度，捍衛中國人民的天賦人權。專制政治的特點是秘密政治，而新聞事業所追求的是公開，兩者是天然對立的。秘密政治之下只有宣傳，而沒有新聞。有新聞，則政治難秘密，最終必然導致專制破產。在世界歷史已經進入到憲政的時代，秘密對於專制來說就日益重要，更需要強化以維護自己，而秘密則一定傷害國民的利益，因為國民在不能得到法律保護的情況下，只有通過公開的平臺使自己凝聚起來以捍衛自己，秘密政治則自然要破壞國民建立這樣的平臺。新聞既然已經出現，就是國民天然的公共平臺，國民將通過這一平臺追求公開政治。總之，在清朝末這樣社會進行變革的時代，專制與追求憲政的衝突就在新聞領域形成鋒面，公開政治與秘密政治進行著劇烈的爭執。

九

「吾國民一分子也，凡國民皆有監督其公僕之權利，吾不敢放棄此權利。吾又業報館也，凡報館皆有代表國民監督其公僕之責任，吾不敢放棄此責任。」——〈敬告當道者〉

業　從業，從事。

在專制時代，人民的法律地位不管名義上如何漂亮，一當推敲遍佈於具體法的條文及其司法實踐，其作為奴隸的屬性就會呈現出來。以奴隸的地位而自以為國民，其核心依據並不在於法律有什麼賦予，而是決定於精神的自由意志。自由意志是人人平等的天然擁有的人之所以為人的性質並得以自我支配的自覺權利，它深刻地存在於每個人的心靈深處，隱藏於肉體組織的每個細胞中，如果說有什麼合法性的話，那就是合於超越國家法的普世自然法，因此，自由意志不受專制法則的約束。自由意志是內在的，其外在的呈現即為人權——人之所以為人的權利。這種權利誠然是歷史的，但更是歷史的抽象平等，比如教育權，當人類尚無學校時候或學校尚不發達時，它不屬於人權範圍，但當在學校已經發達的時代，教育權就歷史地抽象而為了一般的權利，其特性是平等，為人人所有，是該時代每個人之所以為人的規定之一。這樣，所謂人權，其內在的精神是自由的，其外在的形態則是平等的。雖然是在專制時代，自由和平等的精神性決定了國民可以不依賴和不屈從於現實的枷鎖而達到自覺，手腳雖然被枷鎖束縛，但心中並無枷鎖，由此而認定枷鎖為非法，給予打破。

國民的行動理性首先是確定國家的人民本體，將國家與人民歸而為一，國家的本身是人民，人民即為國家。其次，是明辯國家與政府的區別，將國家從政府手中奪出，從而，政府就從國家的擁有者改變為國家的執行機構，從人民的統治者改變為人民的雇傭者，由此，國家的人民本體就轉變而為了國家的人民主體。在專制時代下，人民主體是一種人民意志，不受國家專制法律的約束，直接宣佈政府必須服從人民意志，所有政府官員都是人民通過政府這個機構雇傭的公僕，其行為的最高合法性不是來源於現行法律，而必須來源於人民意志，當人民意志轉化為法令時，就必須服從於這些在現行法律中為「非法」的法令。這種狀況在憲政時代並不存在，因為所謂憲政，便已經由現行法律規定了人民本體、人民主體及人民意志的全部性質及其呈現程式，人民意志和人民行動必須依據於現行法律體系，其體現和實現集中於立法、修法、釋法等上面。所以，雖然身處於滿清專制時代，梁啟超依然可以向專制官員們宣佈：「吾國民一分子也，凡國民皆有監督其公僕之權利，吾不敢放棄此權利。」又繫於新聞的監督職能，宣佈：「吾又業報館也，凡報館皆有代表國民監督其公僕之責任，吾不敢放棄此責任。」這是梁啟超向專制皇朝發出的時代最強音。

十

「苟我民不放棄其自由權，民賊孰得而侵之？苟我國不放棄其自由權，則虎狼國孰得而侵之？以人之能侵我，而知我國民自放自棄之罪不可逭矣，曾不自罪而猶罪人耶？」——《自由書．國權與民權》

逭 huàn／ㄏㄨㄢˋ，逃避。

梁啟超認為，自由是天賦人權，其本質是不可剝奪的，但現實的形態則不同，中國人民的自由權處於被剝奪狀態。這種剝奪誠然是專制統治者的問題，但根子還是在中國人民自己身上，在蒙昧主義中自己放棄了自由權。如果人民不放棄自由權，專制統治者終究難以將人民的自由權剝奪。但這並不就證明了專制統治者的合法性，因為，人民放棄自由權並沒有與專制統治者簽定契約，人民一當省悟，就有權將本就屬於自己的自由權收回。就國際關係來說也一樣，中國的被殖民地化危險不是決定於侵略者——虎狼國，而是決定於中國人民沒有覺醒，放棄了自由權。因此，專制統治者和外國列強誠然有罪，但中國國民自己也有著罪孽，這種罪孽並不能逃避。中國人民要覺醒，就首先要進行反省，承認自己放棄天賦自由權的罪孽，從蒙昧主義中解放出來，把被剝奪了的自由從專制統治者和外國列強那裏收回來。

十一

「吾以為不患中國不為獨立之國，特患中國無獨立之民。故今日欲言獨立，當先言個人之獨立，乃能言全體之獨立；先言道德上之獨立，乃能言形勢上之獨立。」——《十種德性相反相成義・獨立與合群》

國家的獨立與否有兩個含義，一是法律上的獨立，一是人格上的獨立。法律上的獨立與國力相關。國力強大的國家誠然會有法律上的獨立地位，但是，不能反過來說法律上獨立決定於國力的強大與否，不然，國力不強大國家豈不就不能有法律上的獨立地位了嗎？弱小國家如果有人格上的獨立，則一樣能夠獲得法律上的獨立地位。因此，一個國家法律上的獨立程度誠然與國力相關，但決定於國家人格的獨立性。國家人格即國格。由於國家本體是人民，因此，國格的本質在於人民的人格，國家的人格獨立就決定於一個國家人民人格的獨立

形勢　指形態、形體、形式。

程度。所以，梁啟超說：「不患中國不為獨立之國，特患中國無獨立之民。」要達到或完成人民人格的獨立，最重要是兩個路徑：一是先完成個人獨立，當所有國民達到了個人獨立，則人民全體自然也就有了獨立；二是先完成道德獨立，道德獨立就是精神獨立、品格獨立、人格獨立，有了這一基礎，然後才可能達到「形勢上之獨立」，即法律獨立、經濟獨立、人生獨立等。

十二

「獨立者何？不倚賴他力，而常昂然獨來獨往於世界者也。《中庸》所謂『中立而不倚』，是其義也。人之所以異於禽獸者以此，人之所以異於野蠻者以此。」

——《十種德性相反相成義·獨立與合群》

常　經常。

昂然　仰起頭來的高傲樣子。

「中立而不倚」　語出《禮記·中庸》：「故君子和而不流，強哉矯；中立而不倚，強哉矯。」這說的是君子的兩種品性：和而不流，中立不倚。隨和而不流俗，中立而不倚賴。能在人事中做到這樣，就一定是個強者。強哉矯，就是強大而矯健的樣子。

國家的獨立決定於國民的獨立，國民整體的獨立在於每個人的獨立。那麼，什麼是人的獨立呢？人的獨立首先是人格的獨立。人格獨立是自由意志的自我確認，是對自己之所以為一個人的自覺。人格的獨立是內在的，外在表現出來的是他的品性和品行，梁啟超認為，其特點就是一個人的為人處事主要依靠於自己，而不是依賴於別人的幫助，可以經常昂起頭來獨來獨往。這並不是不跟人合作，不需要別人幫助，而是應該始終有以我為主的精神。《禮記・中庸》說和而不流，中立不倚，意思是人既要善於跟別人相處，又不能忘記自我而隨大流；既要在人群中站立住，又不能因為倚靠別人而忘記自我。總之，為人就是要以我為主，有自己獨立的人格。梁啟超認為，人與禽獸的區別就在於有沒有獨立的人格。禽獸不能有精神自覺的能力，自然就不會有獨立的人格；人有精神自覺的能力，如果一個人不能夠自覺，人生由奴隸性左右，就是沒有獨立人格，與禽獸無異。

十三

「人之見禮於人也，不視其人之衣服文采，而視其人之品格。國之見重於人也，亦不視其國土之大小，人口之衆寡，而視其國民之品格。」——〈論中國國民之品格〉

見禮　遭到禮遇，意思是受人尊重。
文采　即紋彩，花紋色彩。

無論哪個國家和民族，只要不是墮落、骯髒的社會，無不以品格作為人與人互相尊重、尊敬的首要標準。國家之間也是一樣，不是以大小強弱為尊重，而是以國民品格為首要標準，國民品格就是國格的基礎。既然如此，那麼，無論是作為國民個人還是從國家角度考慮，尊嚴的培養就只是一個品格問題，而不是在於物質性的形式。越是墮落、骯髒的人和民族、國家，就越以物質為追求，而賴以掩蓋墮落的狡辯則無不是混淆物質與精神的區別，將物質形式視同為品格，將尊嚴寄託在物質上面。但這註定了其可悲的前途，因為，即使物質如何地豐富，總還是有限，並容易消耗衰敗，富不過三代。只有精神才能夠持久。品格之所以能夠得到尊重，在於它的珍貴，在物質的世界裏受著物質強大的侵蝕，甚至無情的壓迫和摧殘，需要有強大的意志進行支撐。但是，物質容易摧毀，而精神不死，故品格的生命力如日月般持久，其光輝可以照耀人的靈魂。

十四

「品格者人之所以為人，藉以自立於一群之內者也。人必保持其高尚之品格，以受他人之尊敬，然後足以自存，否則人格不具，將為世所不齒。個人之人格然，國家之人格亦何莫不然。」——〈論中國國民之品格〉

藉　憑藉。

不具　不具備。

不齒　表示鄙視。

何莫不然　沒有什麼不是這樣，意即都是一樣。

然　這，這樣。

人之所以為人，存在於兩種比較當中：一是與禽獸比較，從這而言，所有具有了人的生物性和社會性的，都為人；二是人與人比較，品格低下者被喻為禽獸，只有品格高尚者才能夠被尊重為人。品格的低下，也可以看作是沒有品格或失去品格，品格高尚可以看作是具備品格。品格高尚並不就等於道德家的高調，也包括著庸德。在一個人群當中，只有品格高尚的人才能夠受尊敬地活著，但不等於品格低下者就不能夠活著，區別是不被人以為具備人格，為眾人所鄙視。任何一個健康的社會，必有根據人的品格的尊敬與鄙視之分，當尊敬和鄙視不根據人的品格，或者連尊敬和鄙視也失去了，那麼，這個社會一定就是腐敗而墮落。個人在人群中如此，一個國家在世界上也是如此，其被尊重和鄙視決定於國家人格，進一步說，就是決定於國民人格。只有墮落的國家，才會不注重人格，而把尊嚴依託在經濟力量和軍事力量上面。

十五

「不可服從強權，而不可不服從公理。」——〈服從釋義〉

從中文語境來說，公理可有二種意思：一，符合於人類一般理性的普遍道理，也即真理；二，公眾共同認可的道理，也即普遍經驗。真理誠然是仍然在發展著的，但在還沒有新的發明之前，人們可以懷疑，行為則必須遵循真理。由於真理是人類的一般理性，因此，真理無國界，也無民族的分野，當其由理性形態而轉化為價值形態時，就是人類的普世價值。普世價值也可以來源於普遍的經驗，但普遍經驗由於尚不具備完全的理性證明，因此，就有著侷限，往往會呈現出人群差異，不同國家、不同民族所認可和擁有的普遍經驗並不一定相同。任何強權都要為自己尋求合理性，其尋求的方向無非兩個：神或公理。在非宗教的時代和社會，公理更只是強權唯一尋求合理性的方向，也即強權宣佈自己符合於公理而強迫人們對其服從。但是，不管強權如何宣稱自己符合公理，甚至宣稱自己是公理的化身，其本質一定是與公理相衝突的。因為，公理本身不需要強權，人們的理性和經驗自然需要服從它，當人們的理性和經驗不承認和不服從公理，那就是公理已經不是公理，公理的體系已經由懷疑而有了新的創造、發明，人們已經接受和服從於新創造、新發明了的公理。公理天然就是與強權對立的，它的力量來自於人們的自覺理性和自覺經驗。強權之所以為強權，乃是因為其非公理性，從而就不得不通過強迫的權力以使人們服從。由於強權不能自我證明其合理性，只能借助公理的偽裝來打扮自己，因此，反抗強權的方法就是如梁啟超所說的，宣佈自己「不可服從強權，而不可不服從公理」。任何強權至多只能歪曲公理，而不得不承認公理的存在，因此，當人民宣佈服從公理時，強權就無法從靈魂上戰勝人民，這就註定了強權的失敗。

第七篇：精神、教育

「文明者，有形質焉，有精神焉；求形質之文明易，求精神之文明難；精神既具，則形質自生，精神不存，則形質無附。然則真文明者，只有精神而已。」

——《國民十大元氣論・緒論》

附 依附。

梁啟超是中國最早把文明明確分為物質文明與精神文明的人。物質文明，他也稱為形質的文明，是外在的文明形態。他認為，精神文明才是文明的根本，物質文明是從精神文明的滋生，因此，真正的文明在於精神形態。這是梁啟超批判洋務派最重要的哲學根基。洋務派把中國的現代化歸結到追求船堅炮利的物質層面上，梁啟超認為這條路只能是失敗。清朝晚期實業運動興起，梁啟超認為由於缺乏制度支持，中國實業發展不會有出路。實業屬於物質層面，制度屬於精神層面，堅持制度對於中國現代化的核心意義，是梁啟超一貫的思想原則。他認為一個國家追求表面的物質文明比較容易，但是要追求精神文明很難，如果有了精神文明，物質文明自然也就能夠順利追求達到，不然，不具備精神文明，物質文明沒有根基，只能浮於表象，最終並不能真正得到。因此，真正的文明標誌，是在於精神的文明。在滿清專制之下，追求現代工業和實業，可以集中力量採購大噸位軍艦，可以集中力量舉辦大型工廠，似乎很容易見效，但由於沒有解決人的科學精神問題，沒有解決民權問題，沒有解決憲政問題，也即在沒有解決精神文明的情況下，所謂物質層面的現代化不僅不會獲得成功，而且已經獲得的成就也會隨時崩潰、毀滅。

二

「游於上海、香港之間，見有目懸金圈之鏡，手持淡巴之捲，晝乘四輪之馬車，夕啜長桌之華宴，如此者可謂之文明乎？決不可。陸有石室，川有鐵橋，海有輪舟，竭國力以購軍艦，朘民財以效洋操，如此者可謂之文明乎？決不可。何也？皆其形質也，非其精神也。求文明而從形質入，如行死港，處處遇窒礙，而更無他路可以別通，其勢必不能達其目的，至盡棄其前功而後已。求文明而從精神入，如導大川，一清其源，則千里直瀉，沛然莫之能禦也。所謂精神者何？即國民之元氣是矣。自衣服、飲食、器械、宮室，乃至政治、法律，皆耳目之所得聞見者也，故皆謂之形質。而形質之中，亦有虛實之異焉。如政治、法律，雖耳可聞，目可見，然以手不可握之，以錢不可購之，故其得之也亦稍難。故衣食器械者，可謂形質之形質，而政治法律者，可謂形質之精神也。」——《國民十大元氣論・緒論》

目懸金圈之鏡　眼睛戴著金絲邊眼鏡。金圈之鏡：指晚清、民國時期流行的金絲邊高檔眼鏡。

手持淡巴之捲　手牽著哈巴狗。淡巴之捲：指寵物洋狗，即捲毛哈巴狗。

啗長桌之華宴　圍著長形桌子享用豪華宴席。啗，dàn／ㄉㄢˋ，同啖，吃東西。四輪馬車與長桌，都是引進的西洋風格物質。

石室　石頭的房子，指西洋式建築。

朘　juān／ㄐㄩㄢ，剝削。

效　仿效。

窒礙　zhì ài／ㄓˋ ㄞˋ，障礙，阻礙。

沛然　行走快捷的樣子。

禦　防禦，阻擋。

清朝末時候，上海、香港是中國最現代化了的地區，一些時髦的洋派人物戴著金絲邊眼鏡，牽著哈巴狗，進出乘著西洋式的四輪馬車，使用西式桌子豪宴，似乎文明了，但梁啟超認為這絕不能稱為文明。政府官員則住進了石結構洋房，國家的河流上也建起了現代化鐵橋，有了大輪船，政府也花很多錢購買新式軍艦，軍隊則請了洋教官學習起了西洋操典，國家一時間似乎很文明起來了，但梁啟超認為這絕不能稱為文明。為什麼這麼說呢？梁啟超認為，所有這些都不過是表面的物質性文明，並不是文明的精神。他認為，中國追求現代文明——現代化，如果只是從物質出發，就如舟船進到了死港裏面，到處碰撞而沒有出路，根本不能航行到試圖要達到的目的地。中國要追求現代文明——現代化，必須要從文明的精神切入，這樣才能夠抓住大江的源頭，一瀉千里，迅捷猛烈，不可阻擋。那麼，什麼才是精神呢？核心就是國民的元氣。相對於國民元氣來說，衣服、飲食、器械、宮室，乃至政治、法律，都不過是表象；衣服、飲食、器械、宮室則是徹底的物質形式，政治、法律相對於這些物質形式來說，則具有精神文明性。也就是說，梁啟超把一個國家的社會結構分為了三個層次，最為表象的是物質形式，內層則是精神性政治、法律，但政治、法律仍然具有物質表象性，純粹的精神是作為內核的國民元氣。所謂國民元氣，是國民的自由意志、自覺意識和獨立人格。中國要真正實現現代文明——現代化，必須要從培養國民元氣著手，然後可以有憲政，從而才可以有真正的物質的現代化。

三

「要個性發展，必須從思想解放入手。怎樣叫做思想解放呢？無論甚麼人向我說甚麼道理，我總要窮原竟委想過一番，求出個眞知灼見。當運用思想時，絕不許有絲毫先入為主的意見束縛自己，空洞洞如明鏡照物。經此一想，覺得對我便信從，覺得不對我便反抗。」——《歐遊心影錄節錄・歐遊中之一般觀察及一般感想・中國人之自覺・思想解放》

窮原竟委　把事情的因果探求清楚。
真知灼見　正確而深刻的見解。

國民品格是獨立的，獨立的基礎則是每個人個性的發展，沒有個性就談不上獨立。但是，如何才能發展個性呢？梁啟超認為，這必須要從解放思想入手。只有解放了思想，人才談得上個性發展，因為，當一個人不能有自己的思想，那就只能夠由奴隸性佔據自己的精神

——靈魂，以奴隸的靈魂，自然也就不會有什麼個性的發展。解放思想，誠然必須要通過學習，但僅僅學習並不等於思想解放。學習的前提下，關鍵在於思考的自覺，也即以我為主的獨立思考。對於獨立思考來說，任何他人的道理都必須要經過自己思維的過濾，把其中的因果、原委探求清楚，也許有新的發現，也許沒有新的發現，但這時候的道理由於是已經被自己思考過了，被自己確認了，因此，就屬於了自己的所認可並真正擁有了的見解。在這個過程中，自己首先不能帶著偏見，不能帶著固執，要有求真的勇氣和立場，以求得客觀。有了思想的解放，對外在的權威就要採取服從真理的標準，屬於真理的就信任並聽從，不屬於真理的就反抗，不人云亦云。

四

「信仰是一個一個人不同，雖夫婦父子之間，也不能相喻。因為不能相喻，所以不能相强。」——〈評非宗教同盟〉

相喻　相比較，引申為彼此相一致。
相強　相強迫。

任何真正的信仰都不是外加的，而是由自己的內心認可或生發的，因此，信仰的本性是自由的。自由的信仰誠然可以歸納出種類，但其基礎是個人的、個性的，不同的人之間有著差別，任何人之間不管是什麼關係都不能互相替代，不能互相強迫。

五

「國惡乎強？民智斯國強矣。民惡乎智？盡天下人而讀書而識字斯民智矣。」

——〈沈氏音書序〉

惡乎　疑問代詞，相當於何所、為什麼。

盡　窮盡，相當於使全部。

在制度一定的情況下，一個國家要怎麼樣才能夠強大呢？或者說在不存在社會變革的歷史任務情況下，該從什麼地方著手，才能把國家建設得強大起來？梁啟超認為，一個國家之所以強大的原因，在於「民智」。所謂民智，不光是指人民有知識，而且也指人民懂得道理，比如懂得守法，懂得合作，懂得獨立，懂得權利，等等。但是，不管民智包括多少內容，要達到民智，就必須要使所有人都能讀書識字。所謂使所有人都能讀書識字，也就是普及教育。梁啟超是中國最早認識到並提倡普及教育的人，他的這一認識並不只是來源於所接觸到的西學思想，而且也來源於中國古代經典所記錄的廣泛開辦庠序（學校）的歷史，最重要是根源於他自身的哲學思想。他以為物質文明自身並不能夠形成，而是要依據於精神文明，精神文明決定了物質文明的發展和進步。人是國家的本體和主體，國家的強大就是人民的強大，人民強大自然就國家強大。人的一切，都是由精神主導，外界的形質要依賴於精神的創造。因此，只有民智，國家才能具備最大創造力。普遍的民智，不能靠科舉達到，而只能靠廣開學校達到。廣開學校的重點不是大學，而是在於普及教育，有普及教育大學才有扎實的基礎。

六

「今日之競爭，不在腕力而在腦力，不在沙場而在市場。」——〈論民族競爭之大勢〉

腕力　手腕的力量，喻指體力。

沙場　戰場。

梁啟超認為，在世界歷史已經進入國家時代時候，民族競爭已經完全不同於古代，不會再出現野蠻民族戰勝先進民族的事情，不會再出現成吉思汗那樣主要依靠武力的突然崛起現象。在現代世界，一個國家除了憲政等制度因素外，其國際競爭力主要依憑於腦力和市場兩大元素，所以他說「不在腕力而在腦力，不在沙場而在市場」。這是非常敏銳而精到的思想。

七

「凡一國之强弱興廢，全繫乎國民之智識與能力，而智識能力之進退增減，全繫乎國民之思想。思想之高下通塞，全繫乎國民之所習慣與信仰，然則欲國家之獨立，不可不謀增進國民之識力，不可不謀轉變國民之思想。而欲轉變國民之思想，不可不於其所習慣與信仰者，為之除其舊而布其新。此天下公理也。」——〈論支那宗教改革〉

智識　即知識。

識力　認識能力。

除其舊而布其新　即除舊佈新，指以新代舊。

當清朝晚期被迫與世界接軌時，中國所面臨之痛苦可說是世界歷史上自古以來最劇。這由兩個因素決定：一，作為世界上唯一得到大致連續的原生古老文化體，其保守自己的頑固性世所未有；二，相比較於印度文化、阿拉伯文化而言，歐洲文化與中國文化的距離最遠，

差異最大，但正是以歐洲文化為基本元素的西方文化，構成了世界文化演變的主流或主幹，中國與其實現融合面臨著深刻的排異性。這種痛苦當然不能由西方承擔，而只能由中國自己承擔。所謂承擔，當然不能是僅僅忍受痛苦，僅僅忍受痛苦只會是亡國滅種。承擔痛苦更在於主動迎接世界潮流，實現憲政。

梁啟超認為，一個國家的強弱、興亡，關鍵在於國民的知識、能力，而知識、能力進步的關鍵則在於思想，思想的進步又完全在於有什麼樣習慣和信仰。因此，一個國家實現進步的基礎就必須改變國民的習慣和信仰，這是全世界的公理。對於中國來說，數千年文化積累下的國民習慣和信仰，試圖實現除舊佈新，將是特別的艱難。但是，只要中國試圖生存和發展，這就是無法逃避的歷史性任務，是必須要經受的艱難命運。中國的前途在基礎層面，決定於體現在日常生活和活動每個細小環節中的習慣和信仰變革。

八

「思想者，事實之母也。欲建造何等之事實，必先養何等之思想。」——〈國家思想變遷異同論〉

與人相關的全部事實都是由人所造就，而人與禽獸的本質差別在於思想，因此是有思想的人造就事實，源泉則在於思想，所以梁啟超稱「思想者，事實之母也」。那麼，反過來就是人想要造就怎樣的事實，就應該先造就怎樣的思想。問題在於，思想的造就恰恰是不可計畫的，人的特點不在於有沒有思想，而在於在思想著。在思想著，才能有思想，但不能確定有什麼樣的思想。人所能做的，只能是「養」思想。所謂養，首先就是培養，也即教育、學習，這是養思想的基本；其次，是修養，也即反省與學術，這是養思想的主要。一個國家將成為怎樣的國家，其原本的動力在於養了什麼思想，也即有著什麼樣的思想。因此，考察一個國家的現實本質和發展趨向，只要考察這個國家的民族所擁有的思想即可，只要觀察該國國民擁有怎樣的教育和學術。

九

「天地間獨一無二之大勢力，何在乎？曰：智慧而已矣，學術而已矣。」——〈論學術之勢力左右世界〉

勢力　力量，含有威力的意思。

宇宙間最強大的力量在哪裏呢？在精神。所謂的宇宙，不是與人無關的冰冷的時空，而是以人的時空為特點的天地。不管人有著怎樣的世界觀，人都是精神的，因而天地之間只有精神才是最偉大的力量。對於文明來說，所謂精神並不是玄虛的，而是有著實在形態的，這就是智慧和學術。智慧是以個人性為基本的，其傳承和交流即為學術，通過學術而成為群體的智慧，進而成為人類總體的智慧。所以，從實在的形態而言，天地之間最偉大的力量就是智慧和學術。人類如此，一個國家和民族也是如此，其以往歷史的輝煌與否，根本在於其智慧和學術的輝煌與否；其在當下世界的地位如何，根本在於其智慧和學術的世界地位如何；其將來的命運如何，根本在於其智慧和學術的創造如何。

十

「學術思想之在一國，猶人之有精神也，而政事法律風俗及歷史上種種之現象，則其形質也。故欲覘其國文野强弱之程度如何，必於學術思想求焉。」——〈論中國學術思想變遷之大勢〉

覘　chān／ㄓㄢ，察看。

文野強弱　文明與野蠻，強大與虛弱。

智慧的繼承和交流為學術，所以，學術是智慧的總和。學術不是死的文字體系，而是活著的思想。一個國家的精神誠然包括很多方面，但學術思想則是其主體，處於社會結構的最內層，其外層則是政治、法律乃至風俗等，再外層才是純粹的物質形式。因此，一個國家的文明程度、強大程度，根本途徑要從其學術思想上進行考察。一個國家對世界的貢獻程度如果僅僅侷限於其經濟物質，必然就難以持久，只有學術思想才能是持久的貢獻，並能使物質貢獻超越經濟的盛衰而綿延不斷。一個國家對人類的影響力無法依賴於經濟物質的輸出，而只能主要依賴於學術思想對人類精神的貢獻程度。世界的向心力不會持久聚焦於某國的物質，任何國家的物質都不可能長久滿足全世界的需求，全世界人們只能形成精神的真正匯聚，向滿足其精神需求的學術思想朝拜。真正代表一個國家和民族所具有的歷史高度的，不是在於其製造的物質形式、軍事力量，而在於其誕生出了什麼樣的思想家或思想者群體。

近現代中國人有著一個感歎受西方乃至非西方國家人士鄙視的思潮，這種感歎通常十分狹隘，往往歸結為中國人的「窮」上，從而導致情緒的偏執，略一獲得經濟和軍事的成就，就試圖炫耀自己的「富、強」。但可悲在於，充滿暴發戶心態了的中國依然不得不感受到自己的被鄙視，依然不得不恨恨不已。相對而言，自由的港、澳人士和民主化了的臺灣居民，比之中國大陸人士受到了世界廣泛的尊重，即使如此，很多人的內心還是作為「中國人」有著難以磨去的民族自卑潛意識。「中國人」不能看到，全世界當談到中國古人時，一般來說並不會有所謂的鄙視態度，甚至有肅然起敬之感。僅僅在二百年以前，即使作為殖民佔領者的澳門葡萄牙人以娶到中國人為妻而為巨大的榮耀，難得有這樣的婚姻便會成為全澳門的盛典。難道古人不是「中國人」？這是為什麼呢？近現代中國人與古代中國人在世界受尊敬程度的差別所在，並不是貧富問題，更不是種族問題，而是在於中國古人在人類精神層面上（包括相對西方的科學、藝術上），對人類有著極其偉大的貢獻，而近現代中國人則鮮有突出的貢獻，總體上屬於偷盜者，甚至可悲的在於，即使在當代，大量「中國人」——尤其佔中國人人口絕大多數的中國大陸人——承認精神上的落後，虛心向西方學習的態度也不能具備。按照種族主義的觀點來說，當一個多體毛的人與一個少體毛的人站在一起，相互的人種評價並不決定於誰身上掛的金飾多，並不決定於誰更強壯，並不決定於誰更傲慢或謙遜，而是決定於誰的知識、智慧、技能、修養更多、更好，當多體毛的人優秀，則以為少體毛的人屬於猥瑣的人種；當少體毛的人優秀，則以為多體毛的人屬於尚沒有進化好的、更原始的人類——古代中國人即往往如此看待西人。在英國作家笛福的經典小說《魯濱遜漂流記》中，流落荒島的魯濱遜靠的是處處顯示出的文明和上帝信仰征服「星期五」，而不是其他。

十一

「天下事固不能委心任運，以待當然者之自至也。必加以人力，乃足以促其機而助其進。所謂人力者何？一曰合大群，二曰開人智。此二者我中國人人所當有事也，亦我兄弟之國民所當贊助也。」——〈論中國人種之將來〉

委心任運　放下心任憑命運安排。

當然者　應當的，指必然性。

促其機　促動其機運或機關。

贊助　支持和幫助。

人不轉地球轉，也即一個人不管是否意識到時間的延續，外在世界都不會因為某個人的意志而停頓演變。人的現實存在方式為活動，活動是意志的行為總合，不決定於某個人是否有所行為，只要人類存在著，就一定是活動著的。因此，人不能被動地等待命運，積極的人生一定需要積極地投入和參與到與他人共同的活動中去。誠然，就個人而言，可以採取消極的人生態度，但對於一個國家、民族來說，卻無法消極，除了積極參與世界的競爭外，別無他路，這就是「必加以人力，乃足以促其機而助其進」，以積極的人力促動和支持進步。所謂人力，梁啟超認為最關鍵是合大群、開大智。合大群，就是每個國民要善於合作，增強凝聚力。開大智，就是國家必須發展教育、學術，提高國民的知識水平和學術能力。簡而言之，就是合作和智慧。一個國家和民族，只要國民能合作，有智慧，沒有不強大的。

十二

「昔之欲抑民權，必以塞民智為第一義，今日欲伸民權，必以廣民智為第一義。」——〈梁啟超上湖南巡撫陳寶箴書〉

義　即意思，引申為主張、方法、策略、主義。

陳寶箴，一八三一—一九〇〇年，原名陳觀善，字相真，號右銘，晚年自號四覺老人，江西省義寧縣人，是清末地方官僚主張維新的代表人物。一八九七年一月，由嶽麓書院山長王先謙領銜正式呈報立案，湖南巡撫陳寶箴給予批准，在長沙小東街成立時務學堂。時務學堂由黃遵憲、熊希齡負責籌備，十一月正式開學。時務學堂最重要的人事安排是邀請了當時只有二十四歲的梁啟超前來擔任中文總教習，雖然梁啟超只是在前期工作了半年多時間即離開，但卻在保守勢力極其強大的湖南掀起了影響波及北京和全國的維新浪潮。還在設想和籌備組建時務學堂時，梁啟超就已經向陳寶箴積極鼓動和建議。梁啟超認為，專制統治就是抑制、壓迫民權，而抑制、壓迫民權的最重要手段就是必須採取愚民政策——塞民智。梁啟超告誡陳寶箴，如果要改變中國，試圖伸張民權，那就必須反其道而行之，首先從教育、新聞、學術的解放著手，也即「必以廣民智為第一義」。陳寶箴是當時中國高官中少有的優秀人物，雖然當時已經六十六歲高齡，但梁啟超對他非常熟悉，知道他是個以國家、民族命運為重，而不是以專制統治命運為重的官僚，所以才跟他毫無顧忌地直接提出伸民權、廣民智主張。

十三

「教育是什麼?教育是:教人學做人——學做現代人。」——〈教育與政治〉

梁啟超是中國現代教育和教育思想的奠基人,他的教育思想對中國有著深遠影響。梁啟超的教育思想十分豐富,但最核心的一點,就是梁啟超始終堅持教育的靈魂是學習做人。所謂做人,核心就是人格,教育的目標就是培養具有完整人格的人。就人格本身而言,無所謂現代不現代,但梁啟超強調的是現代人格。在專制時代是爭取實現憲政的人格,在憲政時代是獨立、自治的人格。知識、能力是做現代人的必要元素,但比較人格的培養,處於次要地位。也就是說,學校傳授知識、能力必須服務於現代人格的培養,而不能為知識而知識,把學校搞成販賣知識的店鋪。

十四

「道莫善於群，莫不善於獨。獨故塞—塞故愚—愚故弱。群故通—通故智—智故强。」——《變法通議‧論學會》

群　聚集成群體。　　塞　堵塞，閉塞。

獨　游離在人群以外。

人要認識世界的規律就必須與他人進行交流，沒有交流就沒有學習，思考也就無從談起，而交流，就是要互相聯繫、組合為一定的人群或群體，不這樣，始終獨處，任何人都不可能得到對世界的認識。如果以為不需要跟人交流，只是獨處封閉，就可以得到智慧，那實在是大錯。誠然，獨處靜思是必要的，不然就只是忙於交流，陷入混雜的資訊中不能理清，或者使自己的心境始終處於躁動不安的境地，但是，所謂獨處靜思，也是以已經經過在人群中的學習為前提，是以已經獲得了可以進行思考的資訊材料為基礎，因而，不等於就是不與人交流。僅僅進行所謂的獨處靜思，只會使自己思路壅堵，耳目閉塞，陷入愚蠢的境地。愚蠢的人，必然虛弱，沒有能力適應世界。只有把自己放到一定的人群或群體中，有足夠的學習和資訊獲取，自己的思維才能展開，變得通達。通達了，也就是聰明了，智慧了，這樣才能夠使自己強大起來。

十五

「吾中國今日所大患者二：一曰無活潑進取之力，二曰無自治紀律之理。辦學校者，所以養成國民也，當針對此兩大缺點而藥治之，於精神上鼓舞其自由，於規則上養慣其秩序。今中國少年言自由者紛紛，其實非能知真自由也。不知真自由，而競好偽自由，則自由之毒，不可勝言。」——〈答某君問辦理南洋公學善後事宜〉

藥治之　以藥治療。

好　喜好。

梁啟超認為，清朝末中國社會一方面缺乏活潑積極的進取能力，一方面又不懂得自治合作的道理。解決這毛病必須通過辦學校進行，通過現代學校教育對症下藥，逐步培養具有現代意義品格的國民群體，一方面鼓舞人們積極追求自由，一方面使人們懂得自由的界限。事實上，由於戊戌變法前後思想解放的衝擊，中國已經有越來越多的知識青年知道了自由對於人生、國家的重要性，談論和追求自由已經成為時髦，但作為主要鼓動者之一的梁啟超也憂心忡忡，以為人們並不懂得真自由。梁啟超這一憂慮在他一生中始終存在，他一邊努力推動中國進步，一邊深深憂慮中國走上邪路，充滿了悲劇心境。他認為，真自由誠然是個性的解放，但這種解放是有其邊界的，必須要懂得互相的合作，必須要懂得守法，必須要懂得不傷害他人自由才能夠人人得自由的真義，不然，所謂的自由就只是偽自由。當中國人不懂得真自由，而追求偽自由，則中國必然就將在自由的名義下走上邪路，造成無數的罪惡，所以梁啟超說「不知真自由，而競好偽自由，則自由之毒，不可勝言」。

十六

「大學校之所以異於普通學校而為全國最高之學府者，則因於普通目的以外，尚有特別之目的在，固不僅其程度有等差而已。特別之目的維何？曰研究高深之學理，發揮本國之文明，以貢獻於世界之文明是焉。」——〈初歸國演說辭．蒞北京大學校歡迎會演說辭〉

梁啟超是北京大學前身京師大學堂的主要創辦人之一，正式創辦於一八九八年七月的京師大學堂的章程即為梁啟超所起草，因而，梁啟超可說是中國大學最早的靈魂奠定人和制度策劃人。梁啟超認為，育人是一切學校的核心宗旨，但不同檔次的學校有其不同的任務和責任，大學與普通學校的區別不只是知識傳授程度的差別，而是另有特別的目的，這就是「研究高深之學理，發揮本國之文明，以貢獻於世界之文明是焉」。這句話包括著幾層基本的涵義：一，大學具體的任務是研究高深的學問，所謂研究包括教授、傳承和研究諸方面，代表著一個國家最高一級的學問機構；二，科學無國界，但一國大學有一國大學自身的任務，應該傳承和發揚所在國家和民族的文明，這一文明是以高深學問為主要內容的；三，由於是研究高深學問，大學在現代不只是侷限於為本國、本民族服務，衡量其真正的價值必須要從世界角度考察，也即大學代表了一國、一民族最高深學問的文明形態，必須要為世界文明作出貢獻，為人類整體的文明進步作出創造性貢獻。

第八篇：民族、愛國

一

「夫國家本非有體也，藉人民以成體。故欲求國之自尊，必先自國民人人自尊始。」——《新民說．論自尊》

體 存在的實體。

藉 假借。

國家就其形式而言，僅僅只是一種意識形態，是一定地域的人們依據一定的觀念而成立的組織方式，本身並不是實體性存在，因此，梁啟超說「國家本非有體也」。國家的實體性不是在國家形態本身，而是在於這個國家的人民，也即一定地域範圍的法定人口。人民與人口是兩回事情，一個國家的全部人口分官與民兩部分，所謂人民是相對於官僚而言，但官僚人口在一個國家總是佔絕對小部分，即使是在機構極其臃腫的國家，且由於官僚人口依賴於財政供養，而財政則源於人民的貢獻，因此，國家的本體在實質性上就是人民。因為人民為國家的本體，而人民是實在的，所以，梁啟超說國家「籍人民以成體」。既然人民為國家本體，那麼，如果愛國者試圖求得國家的尊嚴，自然就必須要從本體著手，先要使國民有尊嚴。實際上，一切人格性存在的尊嚴無不在於其本體，國家也不能例外。人民既為國家的本體，所以國家尊嚴也就是人民的尊嚴，或者說人民的尊嚴就是國家的尊嚴，兩者是二位一體的一回事情。凡是將國家尊嚴與人民尊嚴割裂開來的，無不是盜竊了國家尊嚴而佔據為專制統治者私有，專制統治者把自己一己的面子等同於了國家尊嚴。但是，一當如此，人民也就不存在尊嚴，從而也就並不存在真正的國家尊嚴。一切專制國家，只存在假象的國家尊嚴，而不會存在真實的國家尊嚴。

二

「國家之盛衰存亡，非運命使然，實乃由全國人過去之共同業力所造成，而至今乃食其依報者也。」——〈國家運命論〉

運命　即命運。

業力　佛教用語，意思是導致報應的力量、能力。

食其依報　受用其報應的意思。食，享用、受用的意思。依報，佛教用語，意為報應所依，也即導致報應的所在。

一個國家的現狀是強盛還是衰敗，是生存還是亡國，並不是有什麼命運導致，而是由以往整個民族的人共同的行為和活動總合的結果，現在不過是受用這一報應而已。對佛學深有研究的梁啟超在闡述國家現狀的因果時，不喜歡使用命定論傾向的「命運」或「運命」一詞，更偏重於使用佛教中的業報理念，以為業報更具有準確性。所謂業報，在佛學中並不具有迷信含義，指的是萬事皆有因果，種豆得豆，種瓜得瓜。報為果，業為因，今日之報，都是以往所業造成。所謂業，就是人以往的全部行為。但是，今天的報應也並不是完全的被動，人既然知道是業報，就應該努力，在接受報應中有承擔心、造業心，因為，今天如何面對報應的行為本身，又構成為了將來報應的業。梁啟超用業報解釋國家形勢和歷史，有著深刻的用意：首先是在我立場，他以為中國衰敗的主因不是外國侵略導致，而在於中國人自己沒有及時跟上世界的進步，原因在我；其次是人人有責，他認為中國當下的境況，不能只怪專制統治者，人民自身也必須要承擔責任；再次是人人努力，他認為中國人誠然由於以往的造業必須接受當下的報應，但更應該覺醒，人人爭自由、爭獨立，實現憲政，為將來中國得到強盛報應而造業，不然，就是在為將來亡國滅種而造業。其中的核心思想是在我，即主觀上要積極向上，認識到決定國家前途的主因在中國人而不在外國人，在人民而不在統治者，在今天而不在昨天，總之是在人人自身而不在他人。

三

「國者何？積民而成也。國政者何？民自治其事也。愛國者何？民自愛其身也。故民權興則國權立，民權滅則國權亡。為君相者而務壓民之權，是之謂自棄其國；為民者而不務各伸其權，是之謂自棄其身。故言愛國必自興民權始。」——〈愛國論〉

君相　國君和高級官僚，即統治者。

務　追求。

梁啟超是中國最早闡述和提出愛國主義、民族主義的思想家、理論家。梁啟超的民族主義實際與他的愛國主義是一回事，因為，他所闡述的中華民族或中國民族概念包括中國所有的民族（有時候他也把種族與民族作為同一意義的概念使用），是以國家為基礎的民族主義。那麼，什麼才是真正的愛國呢？這就首先要理解清楚國家的性質。梁啟超認為，國家是由人民為本體的，國家政治的核心是人民自治，也即民權，因而人民又是國家的主體。既然如此，那麼，愛國首先就是人民自愛，這是愛國主義的最高精神。所以他說：「愛國者何？民自愛其身也。」知道了什麼是真正的愛國，然後就要知道如何愛國。梁啟超認為，一個國家只有民權興起後，才能夠真正確立國家權力，如果沒有民權，也就不存在什麼真正的國家權力。專制統治者一定是壓迫民權的，民權被壓迫，也就談不上有真正的國家權力，國家就成為一人、一家、一姓私有，就談不上有真正的國家成立。如果人民自己不努力伸張權利，甘為專制統治者的奴隸，那也等於人民放棄了自己的人格獨立性，等於放棄了自己對國家的擁有權利。因此，真正的愛國，就必須從主張和伸張民權著手。總之，真正的愛國主義就是人民自愛，實現真正的愛國主義就是要伸張民權。由人民自我主張並伸張權利，這是世界進入憲政時代後，區別真愛國與假愛國的根本尺度。

四

「我中國疇昔，豈嘗有國家哉？不過有朝廷耳。我黃帝子孫，聚族而居，立於此地球之上者既數千年，而問其國之為何名？則無有也。夫所謂唐虞、夏、商、周、秦、漢、魏、晉、宋、齊、梁、陳、隋、唐、宋、元、明、清者，皆朝名耳。朝也者，一家之私產也。國也者，人民之公產也。」——〈少年中國說〉

疇昔 往日，從前，以前。

嘗 曾經。

在梁啟超那裏，國家有兩種涵義：一種是通常所理解的擁有一定疆域、人民並建立有政府的政治地理學概念，一種是實現了憲政的現代國家概念。當從一般的意義上討論時，梁啟超承認中國有國家的歷史已經有自唐虞以來的數千年，但當從國家所理應有的政治性質討論時，梁啟超認為中國在清朝以前（包括清朝）從來沒有過真正的國家。事實上，「中國」

這個名稱主要只是一個地理學、文化學概念，歷史上從來沒有過叫「中國」的國家，所以他說：「我黃帝子孫，聚族而居，立於此地球之上者既數千年，而問其國之為何名？則無有也。」梁啟超認為，在中國這塊土地上，從來只有朝廷，而沒有國家。所謂朝廷，只是一家、一姓的私產，而不屬於全體人民所有。所以，從唐虞到滿清，都是改姓換代，是私產從一家、一姓轉換到另外的一家、一姓手上，只是私產轉移而已。在專制之下，既然朝廷是私產，那麼，私產轉移就是基本的規則，區別只是有的朝廷保持時間比較短，有的朝廷保持時間比較長，而在中國，這種改姓換代更是歷史的一個鮮明特徵。

當進入憲政時代時，情況就會完全不同，由於人民為本體，國家由民權掌握，因此，國家就不再是私產，而屬於了全體國民的公產。作為公產，由於人民始終是人民，就不存在了私產轉移問題，憲政國家一當建立，只要維持憲政，國家就能長遠存在下去，完全沒有了改朝換代的必要和機會。愛國就是要希望國家能夠不亡，因此，真正的愛國者就應該建立和維護憲政。

五

「嗟夫，使吾國民之愛國心，能由感情作用，而進為推理作用，則吾國之興，可立而待矣。」——《國民籌還國債問題・結論》

嗟夫　感歎詞。

立而待　即立待，意思是站立著等待，需要等待的時間很短，引申為很快。

推理　邏輯推理，引申為理智、理性。

愛國主義是種情感，情感的特點是缺乏牢固的基礎，也缺乏穩定性和堅定的意志力，因此，愛國主義就如洪水，可能會潤澤大地，但更容易發生強烈的破壞性，也即僅僅建立在情感基礎上的愛國主義是把鋒利的雙刃劍，其行為有著極大的殺傷力。梁啟超作為最積極提倡愛國主義的人，在義和拳運動時，他一方面肯定義和拳的愛國心，通過批評西方傳教士在中國活動的不當之處指出義和拳運動的合理性，但另一方面，他在總體上則對義和拳運動採取了否定態度，對義和拳的愚昧、殘暴進行抨擊，尖銳指出義和拳運動危害國家、人民。梁啟超認為，愛國主義只有從情感上升為理性，由理性把握情感發洩的方向和方法，才可能是正確的。僅僅如此還不夠，所謂理性，必須是現代理性，是必須符合於民權、自由、平等、獨立的理性，這樣的愛國主義才是完整的、真正的愛國主義。

六

「吾人所最慚愧者，莫如我國無國名之一事。尋常通稱，或曰諸夏，或曰漢人，或曰唐人，皆朝名也。外人所稱，或曰震旦，或曰支那，皆非我所自命之名也。以夏、漢、唐等名吾史，則戾尊重國民之宗旨。以震旦、支那等名吾史，則失名從主人之公理。曰中國，曰中華，又未免自尊自大，貽譏旁觀。雖然，以一姓之朝代而汙我國民，不可有；以外人之假定而誣我國民，猶之不可也；於三者之中，萬無得已，仍用吾人口頭所習慣者，稱之曰中國史。雖稍驕泰，然民族之各自尊其國，今世界之通義耳。我同胞苟深察名實，亦未始非喚起精神之一法門也。」——《中國史敘論·中國史之命名》

戾　違背，含有得罪的意思。

名從主人　隨主人而進行稱呼。

貽譏旁觀　招旁觀者譏笑。貽譏，招至譏笑、譏嘲。

稍　稍微，即有點程度的意思。

驕泰　驕恣放縱。

名實　名稱與實際。

法門　佛教用語，指獲得修煉的門徑，引申為得道、醒悟等的門徑。

雖然早就有中國、中華的用詞，但正式開始作為專稱使用，是從梁啟超開始的。在梁啟超戊戌變法失敗流亡日本後，雖然他主張不推翻清皇朝，主張建立君主立憲，但他並不認為用清朝的朝代名作為中國的專稱是正確的。實際上，中國並沒有一個固定的專門的國名稱謂，所以梁啟超說「我國無國名」。中國歷史上的正式、專門稱謂，實際都不過是皇朝名，隨著皇朝的被推翻而被新的皇朝名取代。梁啟超認為，用皇朝名稱呼中國誠然是慣例，但中國的歷史已經改變，正從專制時代向憲政時代演變，皇朝名的本質是一家、一姓，無法代表全體國民，仍然按照這一慣例進行稱呼，就甚至有著侮辱國民人格的因素在內，也即「戾尊重國民之宗旨」。

外國人使用震旦、支那等稱呼，本身沒有什麼問題，但毛病在於稱謂一個國家有名從主人的禮儀規則，這樣的稱呼不符合這一要求，因為中國人自己很少或基本不使用這樣的稱呼自稱。中國、中華的名稱從中文語義來說，則有老大帝國的自大心理痕跡，可能被外國人譏嘲，所以，也不是完全恰當。三種稱呼方式中，梁啟超認為相比較而言，採用「吾人口頭所習慣」的中國一詞最為恰當，因此，稱呼「中國」、「中華」雖然有自大傾向，但這種傾向是完全可以被理解和同情的，是應該被允許的民族自大情感表達。梁啟超認為，使用「中國」、「中華」稱呼誠然有驕恣放縱的傾向，但如果中國人能夠理解其中的名實關係，未嘗不能轉變為鼓舞愛國主義精神的好事。所謂名實關係，就是「中國」、「中華」名詞在字義上有著自以為世界中心的狂妄，國家實際的進步卻並不具有這樣的地位，屬於名、實不相符，在這樣情況下，如果中國人自己能夠有清醒的自我認識，努力實現憲政，令自己的國家真正成為全世界的強大國家之一，成為全世界人民所嚮往的幸福國度，爭取達到名、實相符，也就改變了名、實不相符的毛病。

七

「我之國民，以國為君相之國，其事其權，其榮其恥，皆視為度外之事。嗚呼，不有民，何有國？不有國，何有民？民與國，一而二，二而一者也。」——〈愛國論〉

度外之事　不在自己考慮範圍之內的事情，意指與己無關。

梁啟超認為，當中國在專制之下時，人民認為國家是統治者的所有物，所發生的事情和國家權力，所具有的榮耀和受到的恥辱，都與人民無關，只與統治者有關。梁啟超從歷史學角度進行過分析，以為中國人民向來沒有愛國主義精神，因為國家與人民無關，朝廷的更替對於人民來說只是統治者的更替，只是統治者由一姓易為另一姓，人民永遠是被統治者。在清末中國面臨嚴重的亡國滅種威脅下，梁啟超感歎於中國以往的沒有愛國精神，希望建立新的現代意義的國家觀念，因為，只有在現代國家觀念下，中國人民才能形成愛國主義，從而避免亡國滅種。所謂現代國家觀念，首先就是必須把國家的合法性建立在民權基礎上，人民不僅是國家的本體，而且也是國家的主體，這就叫「不有民，何有國？」其次，既然國家為人民所有，國家作為人民的法律實體，也就成為了人民所必要的組織形態，當在現代整個世界已經無不被國家主義侵蝕了的環境下，沒有了自己的國家，人民也就將被別國所奴役，這就叫「不有國，何有民？」再次，總合前兩層道理，那麼就可以知道，在現代憲政理念下，人民與國家其實就是一而二，二而一，是互為統一的。因此，所謂愛國，就是人民的自愛。

八

「哀哉！吾中國之不知有國民也。不知有國民，於是誤認為國民之競爭為國家之競爭，故不得所以待之之道，而終為其所制也。待之之道若何？曰：以國家來侵者，則以國家之力抵之；以國民來侵者，則必以國民之力抵之。」——《論近世國民競爭之大勢及中國前途・中國之前途》

待之　對待之，即進行對付。

制　限制，約束，束縛。

梁啟超認為，世界競爭有兩種方式，即國家競爭與國民競爭。當相互競爭的對手都是專制國家時，彼此的競爭只限於國家競爭，但是，由於憲政國家的興起，情況就完全不同，國民競爭已經成為了主要方式。由於中國是專制之國，沒有民權，不知道有國民，因此，中國在被打破國門不得不面對世界競爭時，就只知道有國家競爭，而不知道有國民競爭。什麼是國家競爭和國民競爭呢？梁啟超說：「有國家之競爭，有國民之競爭。國家競爭者，國君糜爛其民與他國爭者也。國民競爭者，一國之人各自為其性命財產之關係而與他國爭者也。」（《論近世國民競爭之大勢及中國前途‧國民競爭與國家競爭之異》）簡而言之，國家競爭就是專制統治者為自己私利而與他國競爭，國民競爭就是憲政國家國民為自己私利而與他國競爭。僅僅就形式而言，似乎統治者的力量大於國民，其實不然，梁啟超說：「國家競爭其力薄，國民競爭其力強。國家競爭其時短，國民競爭其時長。」（《論近世國民競爭之大勢及中國前途‧國民競爭與國家競爭之異》）由於國家競爭的前提是專制統治，因此，國家競爭就只是統治者一人或少數人與他國競爭，本質上不過就是「一人之戰」。國民競爭的前提是憲政、民權，因此，國民競爭就是全體國民與他國競爭，其優勢遠非「一人之戰」可比擬。當以國家競爭面對他國的國民競爭時，專制國家等於以一人敵萬人，只能是遭到失敗的最終命運。

梁啟超認為，中國不知道西方列強與中國進行的是國民競爭，自然就不知道用什麼方法進行應變，只能為西方列強所制。那麼，到底該如何呢？如果侵犯者是國家競爭，中國用國家競爭的方式抵禦，並沒有什麼問題，但現在侵犯者是國民競爭，中國就只能用國民競爭的方式抵禦。以國民競爭對國民競爭，中國除了興起民權、建立憲政外，別無他途可走。比如僅以外交論，由清朝至今天中國內地，由於是由一個專制者的腦袋或幾個專制領袖層腦袋做主，雖然經常似乎神秘莫測，把全世界搞得不知所以，但民主國家的外交政策是由全體國民所主張和監督，由無數可以自由發言的專家進行策劃，因此，中國外交鮮有完美的案例，總是吃虧，所謂的外交勝利基本只是上當後的喜悅和自吹自擂，不斷付出的是人民生命、財產的巨大犧牲，不斷付出領土利益，不斷需要用金錢購買外交支援票。問題在於，至今還有無數的國人沒有自知，統治者陷在自慰的快感中不能自拔。

九

「在民族主義立國之今日，民弱者國弱，民強者國強。」——《新民說・就優勝劣敗之理以證新民之結果而論及取法之所宜》

梁啟超是中國民族主義思想的奠基人，他認為，在民權國家興起以後，民族已經從自然意義的民族演變為與國家相同一，也即現代民族屬於了國民的民族，據此，他使用了中華民族或中國民族的概念，對其進行了闡釋。梁啟超的民族主義觀誠然與西方的民族主義及日本的民族主義思潮有很大關聯，但在內涵上則不同，更具有包容性、內斂性，靈魂則是民權主義的。這與梁啟超的學術方法和思想有密切關係，他在滿族專制統治的歷史背景下，沒有將民族與國家簡單地同一起來，而是從中國民族歷史演變的自然過程中證明中華民族的形成，這樣，中國民族史的特殊性就必然被揭示出以包容或相容為特點的民族精神，而不是得出民族與民族之間界線分明的排他性；漢族誠然是中國民族的主體，但中國經常出現的長期的異族統治歷史，決定了漢族以非擴張為特點的主要傾向，這一內斂自然也就構成為了中華民族的基本特點之一。雖然中國在海外有人數眾多的華僑人口，但華僑的形成並不是以國家暴力為後盾的殖民，而是民眾向外的自然遷徙。

總之，梁啟超作為一個以學術為基本的思想家，在奠定中華民族的民族主義時，避免了西方民族主義所內涵著的排他性、擴張性和暴力主義，但是，他又吸收進了民權精神，把民權與民族緊密結合在了一起。正因為這樣，雖然他主張民族主義，但在與孫中山革命黨的爭論中，又不主張進行排滿的民族革命，而主張政治革命。他認為民族革命並不能夠解決實現憲政問題，實現憲政只能通過政治革命，實現了憲政，無論漢族、滿族都是人人自由，中國就是中華民族的，是屬於所有國民的。民族主義在對外方面的意義與愛國主義一致，但不是對外排擠，而是對外抵抗和抗爭，也即中華民族既不能把國門關起來，也不能對外侵略，而是要開門迎接世界，又要抵抗侵略。梁啟超向來主張外政決定於內政，而內政則決定於憲政。因此，他認為在這樣一個民族主義風行的世界，國家的強大歸根結底決定於國民的強弱，也即決定於民權是否能夠確立。

十

「夫亡國云者，則必見其見亡於他國之謂，若易姓鼎革，不足以云亡也。」——〈中國前途之希望與國民責任〉

見亡於　被亡於。見，此處作助詞解，相當於「被」，表示被動。

鼎革　除舊立新，通常用於朝代更替。

由於中國有古老的民本思想，雖然這種以孟子為代表的古典民本思想並不等於現代民權主義，但中國古典思想也得以分清楚了亡國與亡天下的區別。僅僅就亡國本身而言，梁啟超的思想又有了進一步的發展，他把亡國限定為在對他國關係上的被亡，也即所謂亡國，就是一國被他國滅亡。這一理解對於歐洲等歷史來說，也許並不能夠體現出什麼特別的意義，但對於中國歷史來說，則有著非常深刻的涵義。中國的特點是在以漢族形成並作為民族主體的前提下，歷經朝代更迭，如果以朝代更迭為亡國標準，則意味著經歷了總體的和局部地區的極其頻繁的亡國過程，從而就無法與歷史演變的穩定性甚至是超穩定性進行邏輯自洽。梁啟超認為，這並不是真正的亡國，而僅僅是易姓鼎革。在專制制度下，國家不過是一家、一姓甚至一人的私有物，其亡不過就是私有物的私有權轉移，不管其如何轉移，人民並沒有發生亡去，奴隸依然還是奴隸，被壓迫者依然還是被壓迫者，作為國家的人口主體的狀況沒有發生根本的變化。正因為如此，梁啟超認為，中國不僅過去沒有亡國，當在西方列強的壓迫下，也只是處於發生亡國的危機，實際並不會發生真正的亡國。如果僅僅這樣理解梁啟超的亡國論思想還不夠，他更深刻的涵義還在於解決了辛亥革命的合法性問題。以孫中山為代表的革命黨之所以提倡民族革命，不僅只是一個革命策略問題，而且更是為了解決革命合法性的問題。

按照民族革命的思想，就必須設定中國為漢族所有，從而滿清的建立就意味著亡國，這樣，推翻滿清就是復國，以此而擁有合法性。但是，即使不考慮滿族在明朝末是否屬於中國或中華民族的問題，也將在推翻滿清後，立即面臨到如何承認滿族及其他非漢族民族同為中華民族的內在邏輯自洽問題，顯然，其中有著深刻的理性漏洞，不得不要依賴強權解決民族凝聚性，後患極其深遠。梁啟超的亡國論則遠要完美得多，其內在的邏輯非常完整。既然專制之下改朝換代僅僅是易姓鼎革，那麼，滿清取代明朝就也是一次易姓鼎革，它僅僅只是中國的朝代之一。梁啟超一方面不認為一定要推翻清政府，一方面也不絕對排斥將其推翻，即使推翻滿清，那麼，既不存在亡國問題，也不存在復國問題。推翻清政府的性質並不決定於革命本身，而決定於革命後如何，也即中國能否完成政治革命，是否能夠實現憲政。如果革命後依然建立的是一個專制制度，那麼，推翻滿清本質上就是中國的又一次易姓鼎革。如果革命後完成了憲政建設，那麼，推翻滿清就不是一次易姓鼎革，而是實現了從國體到政體的完整意義的革命，中國作為一個國家完成了由民權自治的現代國家完備的定義，從而也不存在革命後國家內部的民族矛盾困境。也就是說，當把亡國限定為對外的關係中後，在中國內部推翻或不推翻滿清，進行暴力革命還是非暴力革命，都與亡國無關，其全部的合法性都在於是否實現或推動實現憲政這一核心標竿上面。

十一

「凡一國之存，必由其國民之自存自亡，而非他國能存之能亡之也。苟其國民無自存之性質，雖無一毫之他人以亡之，猶將亡也。苟其國民有自存之性質，雖有千鈞之他人以亡之，猶將存也。」——〈論中國人種之將來〉

一毫　字面意思為一根毫毛，喻指極小、極少。

千鈞　一鈞為三十斤，千鈞則為三千斤，喻指分量極重，力量極大。

雖然中國從一八四〇年鴉片戰爭開始國門被打破，但由於西方國家主要是爭取以貿易為主的利益而不是領土利益，因此，中國在對外衝突中並沒有陷入明顯而全面的災難性局面。這一局面的出現是在一八九四—一八九五年中日甲午戰爭之後，外部侵略力量把掠奪中國領土利益提升為了主要目標，導致中國社會進入裂變期。在裂變當中，亡國情緒在中國迅速蔓延。中國的這種亡國情緒在甲午戰爭後越來越強烈，缺乏自信、理智，敏感、脆弱而偏執，幾乎可說是影響、左右了中國整個的近現代史。面對越來越強烈的亡國情緒，梁啟超一方面指出中國處於亡國滅種的威脅中，另一方面則反覆言說中國不會亡。中國之所以不會亡的原因有三條：第一，繫於中國悠久歷史積澱的民族性和鄉治社會等傳統，外來力量很難使中國亡種，而民存則國存；第二，列強之間的互相牽制難以出現滅亡中國的機會；第三，中國人誠然愚昧而充滿奴隸性，但中國人也在覺醒，覺醒的中國人是保證中國不亡國的根本。梁啟超認為，不管外國列強如何，國家的存亡關鍵在於國民，而不在於專制統治者。梁啟超考察了印度、土耳其等世界一些國家的亡國史，發現亡國並不一定是在外來侵略者很強大的情況下才會發生，如果一個國家的國民不能自存，外來侵略者只需要很小的力量就可以將其滅亡並實行統治，反之則即使外來侵略者非常強大也不能將其滅亡。

十二

「其民強者謂之強國，其民弱者謂之弱國；其民富者謂之富國，其民貧者謂之貧國；其民有權者謂之有權國，其民無恥者謂之無恥國。夫至以無恥國三字成一名詞，而猶欲其國立於天地，有是理耶？有是理耶？其能受閹臣差役婪索一錢而安之者，必其能受外國之割一省而亦安之者也。其能現奴顏婢膝昏暮乞憐於權貴之間者，必能懸順民之旗簞食壺漿以迎他族之師者也。」——《新民說·論權利思想》

閹臣　人格低下的宦官。

婪索　憑藉權勢索取財物。

昏暮乞憐　黃昏時候乞求他人憐憫，喻指從早到晚整天只想著依靠別人的憐憫過日子。

順民　順從的人民，通常指自願服從新的統治者或侵略者統治的人們。

簞食壺漿　用簞盛著乾的食物，用壺盛著湯類食物。簞，dān／ㄉㄢ，盛飯的竹器。

人民是國家本體的性質，決定了有什麼樣的人民也就有什麼樣的國家，也即人民的屬性就是國家的屬性。人民強，則國家可以稱強國；人民弱，則國家只能稱弱國。人民富，則國家可以稱富國。梁啟超特別指出，國家實現了民權，國家才可以稱為有權利的國家；沒有民權，則人民必然無恥，也即沒有尊嚴可言，則國家只能稱為無恥之國。當一個國家被稱為無恥國家，那麼，這個國家要想能夠在世界上有尊嚴地獨立存在，天地之間絕對不會有這樣的道理。為什麼呢？因為，人民沒有民權，即使受到太監、差役一類沒有人格的低級官吏盤剝，也只能服從、忍受，既然能夠服從、忍受太監、差役，那麼就也能夠忍受外敵的侵略、佔領；在這樣的沒有民權的國家，必然就充斥著整天奴顏婢膝混跡於權貴當中，靠乞憐討生活的無恥之人，他們不會有真正的愛國之心，不會真正忠誠於政府，遇到外國侵略，就會馬上舉起爭做順民的旗幟，簞食壺漿迎接侵略者。因此，真正的愛國者在世界以憲政為主導的時代，無論是統治者還是被統治者，都會追求實現民權。

十三

「國是要愛的，不能拿頑固偏狹的舊思想，當是愛國。因為今世國家，不是這樣能夠發達出來。我們的愛國，一面不能知有國家不知有個人，一面不能知有國家不知有世界。我們是要託庇在這國家底下，將國內各個人的天賦能力，儘量發揮，向世界人類全體文明大大的有所貢獻。」——《歐遊心影錄節錄・歐遊中之一般觀察及一般感想・中國人之自覺・世界主義的國家》

託庇　也作託芘，意思是依靠樹木庇蔭，喻指依賴某個力量得到庇護。

國以民本，故愛國即愛己。辛亥革命之前與之後，最重要的區別是推翻了專制皇朝統治，在建國法理上確立了憲政，承認了國民理應有的主人地位，因此，要不要愛國在本質上已經屬於不必要討論的問題，關鍵在於如何愛國。梁啟超認為，愛國首先就要改變思想，要用憲政時代的新思想取代專制時代的舊思想，沒有新思想，國家並不會因為宣佈為了共和國而富強起來。愛國必須要處理好個人與國家、國家與世界的關係。當愛國主義已經成為國民普遍接受和認可的意識時，必須要警惕用國家取代個人的危險，也要警惕因國家而忘記世界的新的蒙昧主義出現。將國家置於絕對地位，掩蓋個人的獨立、自由存在，以及用國家凌駕世界，是極其危險的極端的愛國主義，恰恰又走到了偽愛國主義當中。當將國家掩蓋個人，也就意味著壓迫國民，消解了作為國家之本的國民的獨立、自由存在，這樣，國家的所謂憲法就僅僅只是一個虛假的形式，不會有憲政的實際內容。早在辛亥革命之前，梁啟超在分析國家類型時指出，共和國家並不等於憲政國家，而是會有專制與憲政兩個完全不同的政體類別。憲政的共和國，必然是以國民的個人主義、自由主義為基礎的，消滅了個人，自然就不會有憲政。梁啟超繼承了中國古典的天下觀念，並將之改造為了世界主義思想。世界主義，也就是人類主義，包括兩個基本涵義：一是將國家時代看作為歷史的一個階段，歷史未來的發展方向將是超越國家主義階段的世界主義階段；二是將國家看作當下世界的一個組成部分，國家誠然要獨立自主，但不能用國家破壞世界，而應該為世界進步作出應有的貢獻。由此而對國民個人引申出兩個涵義：一，世界主義應是國民的一種理想，愛國主義應服從這一理想；二，真正的愛國主義，應該為世界進步作出貢獻，國民不僅要考慮國家利益，而且也必須追求全人類的利益，這就是梁啟超說的「我們是要託庇在這國家底下，將國內各個人的天賦能力，儘量發揮，向世界人類全體文明大大的有所貢獻」。

十四

「嗚呼，國民之求常識，眞不可以已。不爾，則以愛國之盛心，而造出病國之惡果者，往往有焉矣。」——〈再論籌還國債〉

不可以已　不能有結束的時候。已，意為止，終結，結束。

不爾　不這樣。爾，如此。

盛心　深厚美好的情意、用意。

愛國作為一種情感必須要有理性為基礎，實際上，愛國而稱為了主義，就更必須是要以理性為重，不然，就無所謂主義了。對於一般的國民來說，不可能去研究高深的學問，理性只能以常識為基本。常識誠然簡單，但並不等於簡單到只需要幾條固定不變的論斷，因為，世界在不斷變化，人生在不斷變化，常識自然也在不斷變化，因此，梁啟超說：「國民之求常識，真不可以已。」常識在儒家學說中稱為庸言，由庸言而指導人生，人生便有庸德。愛國主義是每個國民可以達到的精神，因而屬於庸德。庸言、庸德看似簡單、平常，其實要做到並不容易，實踐庸言、庸德就已經是件大言、大德。就愛國來說，即使如何地具有熱情，如果沒有常識，反而往往會成為嚴重危害國家的罪惡，所以，能夠既保持愛國熱情，又不造成危害國家的惡果，就已經是大德了。

十五

「國之亡，非運命能亡之，而四萬萬人各以自己之力亡之也。夫以自己之力能亡之者，則亦必以自己之力能存之。如曰不能，是自暴自棄也。」——〈國家運命論〉

自暴自棄　意思是自甘墮落，不求進取。

國家存亡，既不是什麼命運，也不是在於外國的侵略、壓迫，而在於人民自己是怎樣的心理和狀態。清末時候，一般認為人口有四億，所以通常稱四萬萬人。梁啟超認為，中國存亡的根本在於四萬萬人，按照亡國論者中國必亡的說法，那麼，使中國滅亡的就是四萬萬人自己。梁啟超反問，既然四萬萬中國人可以讓自己的國家滅亡，那麼，也就可以不讓自己的國家滅亡。只要四萬萬中國人努力，中國絕不會亡國滅種，如果發生亡國滅種，那就是四萬萬中國人自己不努力，是自暴自棄。四萬萬中國人自己不爭氣，讓中國亡國，那還有什麼可以責怪別人的呢？梁啟超將亡國原因歸結到中國人自身，希望愛國者們能夠從自身尋找原因，這樣，才能夠使中國獲得真正的進步。如果一味把亡國原因歸到所謂帝國主義身上，實際上對中國的進步並無好處，因為，抵抗侵略容易，而解決自身的問題難，中國不跟上世界潮流，不實現憲政，即使解決了外部壓迫，並不能解決人民依舊被壓迫的狀態，而只要中國人民依然受著壓迫，沒有民權，國家在世界上就永遠難以擺脫外來的壓迫，無法得到在世界之林的真正的尊嚴。

十六

「一國之政治，一國公民所公同造出也。一國政治上之責任，一國公民所公同負荷也。有在野之政治家，不患無在朝之政治家。有負責任之國民，不患無負責任之政府。」——〈責任內閣與政治家〉

公同　即共同。
造出　製造出，培養出，培育出。

梁啟超所說的政治，是很正面的範疇，與地位、身份無關，而在於是否有利於國家、民族的進步。在他眼睛裏，復辟帝制的袁世凱雖然又是總統又當皇帝，但不能算是政治家，相反，反對袁世凱復辟帝制的人，才是政治家。因此，所謂政治，不在於搞政治的人地位、身份如何，而在於其活動的正價值性，真正的政治在本質上是國民政治，或者說公民政治。既然如此，那麼，一個國家的政治就是由全體公民所培育的，其責任也由全體公民共同承擔。

公民政治並不等於全體公民都是政治家，政治家有在朝（執政）與在野之分，兩者之間更重要的是在野政治家，因為公民政治的大眾本身就是在野的，在野政治家承擔有監督、限制乃至壓迫在朝政治家的重要責任。當一個國家缺乏強有力的在野政治家時，在朝政治家就會失去競爭壓力，權力呈現出膨脹乃至專制趨向，所以，梁啟超說「有在野之政治家，不患無在朝之政治家」。就整個國家的政治來說，無論有沒有在野政治家，或者不管在野政治家是否強大，公民政治的健康與否關鍵在於國民，這就是梁啟超說的「有負責任之國民，不患無負責任之政府」。

十七

「為國民者而不自尊其一人之資格，則斷未有能自尊其一國之資格焉者也。一國不自尊，而國未有能立焉者也。」——《新民說・論自尊》

立焉者 生存於世者。立，存在，生存。焉，相當「於……此」。

愛國作為一種情感，其最高層次便是崇高的情操。作為情操，其核心則是尊嚴。凡尊嚴，其首要必是自尊。因此，所謂愛國主義，首要的性質在於自尊。但是，國家的自尊當不是以每個國民的自尊為基礎時，就是空洞的，必然走向虛無和偽善。一切實在的、真切的愛國主義，必須以每個國民獲得自尊為首要中首要，如果國民個人的自尊都不能保證，就不存在真正的國家的自尊，從而國家也就不能有尊嚴地存在於世界之林，就不存在真正的愛國主義。不能夠尊重國民個人的愛國主義，不是蒙昧主義的，就是虛偽的，甚至就只是利用愛國主義旗幟以掩蓋壓迫國民真面目。

第九篇：國民、國性

一

「中國自古一統，環列皆小蠻夷，但憂內憂，不患外侮，故防弊之意多，而興利之意少；懷安之念重，而慮危之念輕。」——《變法通議．論不變法之害》

意 心思，意見。
念 想法，打算。

防弊即防備發生弊端，側重於保守、維持現狀。興利即開拓新的利益，側重於發展、創造。中國自古雖然有著大量歷史時期處於分裂狀態，但始終以大一統為主流，即使分裂時期，基本也還維持著文化上的統一。所謂中國，並不等於就是一個具體的國家，主要來說這是一個以地理概念為基礎的文化範疇。當把中國看作為一個整體時——不管其處於統一的還是分裂的狀態——，周圍民族文明程度上總體的落後，決定了它們不能改變中國穩定的中心地位，所以梁啟超說「中國自古一統，環列皆小蠻夷」。當然，具體情況很複雜，不同歷史時期有著不同狀況。東夷、南蠻、西戎、北狄，東夷基本被徹底同化，其含義指向了海外；南蠻也已經被高度同化，其含義也已經指向海外；西戎基本被控制在甘、藏一線；北狄的含義理解為北方草原民族，由於傳統的騎兵優勢而始終是最大威脅，但這種威脅主要是軍事的、政治的，很難從社會、文化的角度侵入中國後改變中國社會文化基本結構和形態。因此，當不是從軍事的、政治的角度，而是從社會的、文化的角度進行考察時，總體上中國屬於「不患外侮」。因此，中國不僅僅是統治者，而且包括中國民眾，總體上所憂慮重在社會內部本身的動盪性因素，十分注意於防弊。興利所在，動力通常源於外來，也即與外的競爭而促使通過開拓和創造以求發展，低的目標是求取生存優勢，高的目標是求取擴張優勢，當中國主體民族和文化擴張程度達到東、南為大海，西為蔥嶺，北為大漠，就農耕定居文明來說，交通、通信等技術的有效程度幾近極限，生存和擴張優勢就失去了強吸引力，難以構成進行興利的衝動和慾望。這樣，「防弊之意多，而興利之意少；懷安之念重，而慮危之念輕」，日益成為了民族的內在屬性。正是由於這一屬性，所以在清末以後，就演變向了另一個亡國滅種危機極端，日益躁動出浮躁、激進的愛國主義激情。

二

「中國者，世界中濡滯不進之國也。今日之思想，猶數千年前之思想；今日之風俗，猶數千年前之風俗；今日之文字，猶數千年前之文字；今日之器物，猶數千年前之器物。然則進化之跡，殆絕於中國乎？雖然，有一焉，專制政治之進化，其精巧完滿，舉天下萬國，未有吾中國若者也。萬事不進，而惟於專制政治進焉，國民之程度可想矣。雖然，不得謂之進化焉不得也。」——《中國專制政治進化史論・緒論》

濡滯不進　遲疑著不前進。濡滯，遲延，遲疑，猶豫。

若　像，如此。

殆　幾乎。

謂　稱謂，稱呼。

梁啟超是世界學術思想界最早指出和探討中國濡滯不進現象的人之一。直到清末，中國的思想、風俗、文字、器物在總體上還是跟數千年前接近，表面似乎並無大的變化。當然，梁啟超並不是不看到中國的變化，比如，他一生中最重大的成就之一，就是大致梳理了中國學術進步的歷史。不過，梁啟超也從批判角度尖銳指出，中國社會的濡滯不進現象與專制制度密切相關，而專制制度本身是進化著的，也即是不斷完備著的專制，而這種專制的進化又恰恰構成為了阻滯社會進步的關鍵障礙。他說：「專制政治之進化，其精巧完滿，舉天下萬國，未有吾中國若者也。」也即世界上誠然多專制之國，但專制之發達以中國為最，專制政治的設計達到了精巧完滿，世界上沒有一個國家能夠像中國這樣。專制並不只是統治者的問題，而且也是人民的問題，整個民族的血液裏都浸著專制的素質。梁啟超認為，僅僅就專制本身而言，必須要承認其在中國的進化，「不得謂之進化焉不得也」。但是，這一進化是中國的一個最大悲劇。

三

「人而不能獨立，時曰奴隸，於民法上不認為公民。國而不能獨立，時曰附庸，於公法上不認為公國。」——《國民十大元氣論・獨立論》

時　現在，當前，時下。

公法　即國際法。

公國　原指歐洲歷史上以公爵為元首的封建國家，引申為得到世界各國普遍承認的國家。

奴隸是被剝奪人身獨立和自由的被法定為屬於他人財產的人，在非奴隸制時代，用來指稱那些不具有人格獨立性的人們。梁啟超所說「民法上不認為公民」，是從人格角度而言，也即不具有人格獨立性的人與公民的性質不相符合。所謂人格獨立性的失去，包含兩層意思：一是由專制者對國民人格的剝奪，二是國民自己沒有人格自覺，缺乏人格獨立的意志。不僅個人是這樣，即使大到一個國家，當沒有獨立人格，就僅僅只是屬於其他國家的附庸國，在國際公法上不會被普遍承認為完全獨立的國家。梁啟超之所以強調國民的人格獨立，

是針對中國普遍的奴性——奴隸性——而言，他認為如果不改變中國人的奴隸性，是很難建設成功真正意義上的憲政國家的。

四

「今吾中國四萬萬皆仰庇於他人之人，是名雖四萬萬，實則無一人也。以全國之大，而至於無一人，天下可痛之事，孰過此也？」——《國民十大元氣論・獨立論》

仰庇　依賴於庇護。

名　名義。

是　這。

清末中國雖然有四萬萬人口，但在專制之下，都沒有獨立的人格，沒有獨立人格就等於非人，所以梁啟超說「實則無一人也」。他感歎道：「以全國之大，而至於無一人，天下可痛之事，孰過此也？」中國作為世界上人口最為眾多的大國，淪落的本質在於國民獨立人格的普遍不具備。沒有國民人格的獨立，也就沒有國家人格的獨立。但是，國民獨立人格的確立，又恰恰是最為艱難的事情，不光是推翻專制統治的問題，更需要國民的人格自覺。

五

「天下不能獨立之人，其別有二：一曰望人之助者，二曰仰人之庇者。望人之助者蓋凡民也，猶可言也。仰人之庇者，真奴隸也，不可言也。嗚呼，吾一語及此，而不禁太息痛恨於我國奴隸根性之人何其多也。試一思之，吾中國四萬萬人，其不仰庇於他人者幾何哉！人人皆有其所仰庇者，所仰庇之人，又有其所仰庇者，層積而上之，至於不可紀極。而求其真能超然獨立與世界直接者，殆幾絕矣。」——《國民十大元氣論•獨立論》

根性　原為佛教用語，引申為人性的根本。

幾何　即多少。

層積而上之　層層堆積而增高。

紀極　終極，無窮。

直接者　直接接軌的人，意指符合、順從形勢的人。

不能獨立的人有兩種，一種是希望別人給予幫助者，一種是希望別人給予庇護者。希望幫助屬於能力問題，所以可以諒解。希望庇護屬於人格問題，梁啟超認為這是「真奴隸」，是無法給予諒解的。梁啟超感歎中國四萬萬國民奴隸性之普遍。中國人的奴隸性，實際上是由兩個方面構成：當地位、能力低於別人時候，就是奴隸性；當地位、能力高於別人時，就是奴隸主性。問題在於，在專制之下，四萬萬人除了一個人之外，無不有地位、能力低於別人的一面，因而無不有奴隸性的一面；而由於一部分人又有著地位、能力高於別人的一面，他們的奴隸性創痛就會刺激其奴隸主性的瘋狂，更冷酷、殘忍地對低於自己的人們發揮其虐待欲，趨向於極端的獸性。因此，中國的奴隸性不僅在層累的等級上極其繁複、不可紀極，更在非人性的程度上極其深刻、不可紀極。梁啟超哀歎，在中國試圖找出可以與憲政時代的世界相接軌的具有現代獨立人格的人，「殆幾絕矣」。

六

「我國蚩蚩四億之衆，數千年受治於民賊政體之下，如盲魚生長黑壑，出諸海而猶不能視；婦人纏足十載，解其縛而猶不能行。故步自封，少見多怪，曾不知天地間有民權二字。有語之者曰『爾固有爾所自有之權』，則瞿然若驚，蹴然不安，掩耳而卻走。是直吾向者所謂有奴隸性、有奴隸行者，又不惟自居奴隸而已，見他人之不奴隸者，反縱而非笑之。」——〈愛國論〉

蚩蚩　chī chī／ㄔㄔ，無知或敦厚的樣子。

盲魚　由於終年生長在黑暗中而導致盲視了的魚類，這種魚類一般存活在沒有光線的洞中或很深的水中。

黑壑　深不見光的溝壑。壑，hè／ㄏㄨㄛˋ，深溝。

故步自封　因循守舊，不圖進取。

爾　即你。

瞿然　驚駭的樣子。

蹴然　因驚恐、慚愧而不安的樣子。

卻走　退避。

直　作副詞解，相當於又如。

向者　以往，以前。

縱　即縱身，身體猛然向前或向上的動作。

非笑　譏笑。

梁啟超認為，中國四萬萬人由於經歷了數千年專制統治，就像生長在深不見光的溝壑中盲視的魚類，即使到了光線充足的大海也還不能有視覺，就像中國的纏足婦女，纏了十年足突然給她解掉纏腳布，卻不能正常走路，一下子需要反抗專制或進入憲政時代，反而會無法適應，難以擺脫自己的奴隸性。這是因為中國人在長期專制之下，故步自封，少見多怪，從來不知道應該有什麼民權。如果有人對中國人說「民權就是你固然所有的天賦人權」，中國人就會驚駭萬分，或者十分不安，然後掩住耳朵跑開。梁啟超說，更悲劇的在於，中國有奴隸性、奴隸行的人，見到不願意做奴隸進行反抗的人，反而會聚集起來手舞足蹈，興高采烈地進行譏笑。魯迅以國民性批判著名，實際上，早在清末，梁啟超就已經對國民性進行強烈批判，並較之作為後來者的魯迅遠為深刻。梁啟超與魯迅的國民性批判都是圍繞著以奴隸性為主要特徵的屬性進行，這是他們的共同點，但梁啟超的批判不僅以社會變革為背景，而且更是以民權、憲政、現代性為基礎，內涵著深遠的國民性改造理想和目標，魯迅誠然有立人的思想，但並沒有多少充實的內容，十分空洞。

七

「我國國民，習為奴隸於專制政體之下，視國家為帝王之私產，非吾儕所與有。故於國家之盛衰興敗，如秦人視越人之肥瘠，漠然不少動於心。無智愚賢不肖，皆皇然為一家一身之計。」——〈論中國國民之品格〉

習　習慣。

吾儕　即我輩。

與有　即與之有，意思是與某某共同擁有。

肥瘠　肥沃與貧瘠。

漠然　冷漠、與己無關的樣子。

少動於心　小動於心，即基本不動心的意思。

智愚賢不肖　智、愚、賢、不肖，即聰明的人、愚蠢的人、賢人、品行不好的人。

皇然　堂而皇之的樣子，正經的樣子。

計　計算，謀算。

中國國民長期習慣在專制統治之下，認為國家只是帝王的私產，自己並不與統治者共同享有權利，因此，向來缺乏愛國心和公德。國家的盛衰興敗，對於國民來說，就好像東南地區的越人對於遙遠的西北地方的秦人來說，其土地肥沃還是貧瘠，並不能夠讓秦人有所動心，因為實在是事不關己。在中國，不管是聰明的人還是愚蠢的人，賢人還是品行不好的人，都不真正關心國家命運，只會堂而皇之地為自己個人和家庭一心一意謀算。西方哲學對自私心的批判注重於私有制批判，從而導向鼓吹建立公有制度甚至推動共產主義，梁啟超雖然以大同社會為最終理想，但他的大同主義的本質只是世界主義，他始終承認私有制度的合理性，這是梁啟超比之西方思想更保守也更偉大的地方，他的自私心批判始終限制在政治領域和社會領域及道德修養層次，認為專制制度是導致養成國民自私心和缺乏公德心的主因，也即他認為財產的私有觀念並不是不符合道德的。

八

「我國民不自樹立，柔媚無骨，惟奉一庇人宇下之主義，暴君污吏之壓制也服從之，他族異種之羈軛也亦服從之。但得一人之母我，則不惜為之子；但得一人之主我，則不惜為之奴。昨日抗為仇敵，而今日君父矣；今日鄙為夷狄，而明日神聖矣。」——〈論中國國民之品格〉

自樹立　自己自覺自為地樹立人格。

庇人宇下　托庇於他人的屋宇之下。宇，屋宇，屋簷。

羈軛　束縛控制。

但　只，只是，僅僅。

母我　以母親身份對待我。

主我　以主人身份對待我。

抗　對抗。

君父　國君，天子。

梁啟超對國民性批判十分尖銳，他認為，由於長期專制導致的國民獨立人格缺乏，中國人的性格就趨於柔媚無骨，信奉「庇人宇下之主義」，也即將自己的人身交付給他人，祈求他人給予庇護，以獲得苟活的生存。當面臨暴君污吏的殘酷壓迫時，中國人不敢反抗，只會選擇服從；當面臨外來異族統治時，依然不敢反抗，只會選擇服從。中國人的內心中，只求有一個人來做媽媽，自己情願認作兒子；只求有一個人來做主子，自己情願順從作奴才。昨天還是對抗為仇敵的人，只要對方獲勝了，國人就自覺自願承認其為國君；今天還鄙視為低級的夷狄，只要對方成為了統治者，國人明天就會將他崇拜為神聖。

九

「嗚呼，他人以服從而保自由者，我國乃以服從而得奴隸。然則服從者固毀腐我民族之毒藥，而刈獮我國家之利刃也。」——〈服從釋義〉

毀腐　毀滅腐化。

刈獮　收割獵殺。刈，收割。獮，打獵。

梁啟超的自由觀是與制裁觀對應的，也即自由與制裁是二位一體。所謂制裁，就是自由的邊界，就是法律，因而，自由是法治的自由。那麼，相對應於制裁，個人也就需要服從，制裁而不服從，則就導致衝突，導致法治的破壞，從而失去自由。問題在於，當制裁和服從不是以自由為核心時，就失去了其現代正當性。自由的基礎是人格的獨立，當每個人的人格獨立，就自然是彼此人格的平等，僅僅如此還是抽象的，其現實的實現則必須通過民權，無論是制裁還是服從，都必須圍繞這些靈魂進行。當沒有這些靈魂，制裁與服從就不過是專制的現實形態。在專制之下，不承認獨立人格，人與人不能有人格平等，國家權力由統治者掌握，人民沒有任何權利，這樣，所謂制裁就是統治者對人民的無限制約，人民只有無條件服從的義務。從個人而言，似乎都是服從，但憲政國家的服從是獲取自由，中國數千年專制下的服從則是奴隸的服從，所以，梁啟超歎息：「嗚呼，他人以服從而保自由者，我國乃以服從而得奴隸。」正因為如此，服從對於中國人來說，恰恰跟憲政國家相反，是一種深重的毒害，是摧殘。

十

「吾國之大患，由國家視其民為奴隸，民之自視，亦如奴隸焉。彼奴隸者苟抗顏而干預主人之家事，主人必艴然而怒，非擯斥則譴責耳。」——《戊戌政變記・附錄一：改革起原》

抗顏　即正色面對，含有對抗的意思。　　擯斥　擯棄，排斥。

艴然　惱怒的樣子。艴，fú／ㄈㄨˊ，生氣，惱怒。

由於長期專制養成的奴隸性，當面臨變革時，中國就陷入進了奴隸性困境當中。現代變革，只要是真變革，就一定是以興起民權為特徵的。奴隸性具有雙向的含義，一方面是被統治者的奴隸性，另一方面是統治者的奴隸主性。當原本的奴隸試圖在變革中獲得民權，對於統治者來說將很難接受和適應，會認為被統治者不安於本分，破壞社會，干擾國家政治，是干預統治者的「家事」，從而，就必然按照其對待奴隸的一貫習性怒火沖天，不是用暴力驅趕奴隸，就是用話語責罵奴隸。正由於中國深重的奴隸性，當面臨變革時候，首先難以適應的就是統治者，從而，或者壓制、阻止住變革，或者就是把和平的變革推動為暴力的革命。因此，辛亥革命前，梁啟超才一再指出是滿清政府自己製造出了革命黨，並令革命黨不斷壯大起來。

十一

「國民無弱點，則梟雄遂無以自存。故國民弱點，實梟雄唯一之憑籍。而利用國民弱點，則梟雄成功之不二法門也。」——《傷心之言・弱點之相互利用》

梟雄　強悍而充滿野心的人。

梟雄是中國歷史中最突出的現象之一，他們沒有社會理想，沒有道德價值，沒有推動政治進步的目標，一切的行為只圍繞著自身利益，而這種利益以獲取權力為核心，不顧及大眾甚至自己的生命和尊嚴，唯以獲取自己在權力爭奪中的所謂成功為取捨。梟雄輩出，或者說一當社會出現一點機會就會出現爭做梟雄的人物，是中國頻繁改朝換代而社會基本不發生進步的重要動因之一。在中國歷朝歷代，天子誠然在京城，但在山村荒野，也有著無數隨時做著天子夢的梟雄之輩，他們或者是大儒，或者是豪紳，或者是秀才，或者是兵丁，或者是和尚，或者甚至是一個目不識丁、連縣城也不知道在哪裏的樵夫。具有梟雄之心的人有如過江之鯽，有著爭做梟雄行動的人有如川流之不息，成功者則是那些最大程度利用了國民弱點的人。所有的梟雄，無論其成功不成功，都是不擇手段，而手段中最重要的則是利用人們的弱點。人性無不有弱點，但不等於所謂國民弱點。人性弱點無國界區分，國民弱點則有民族的特徵。

比如，中國人的奴隸性，成功的梟雄無不一方面以殘忍恐嚇、壓迫民眾，一方面則以給予滿足奴隸主性的機會進行誘惑。比如，中國人的饑民性，成功的梟雄無不一方面以有口飯吃聚集民眾，一方面則不給予吃飽以迫使其順從。比如，中國人的富貴性，成功的梟雄無不一方面鼓動起暴民吃大戶消滅富豪紳士，一方面則以搶奪而為富貴戶的機會誘惑其嘯聚。比如，中國人的無自尊性，成功的梟雄無不一方面用鞭子的辱罵折服民眾的尊嚴，一方面則授予一部分人有肆意侮辱他人尊嚴的機會以誘使其服從。等等。這就是梁啟超說的：「國民弱點，實梟雄唯一之憑籍。」

十二

「今之論者，每以中國人無權利思想為病，顧吾以為無權利思想者，乃其惡果，而無義務思想者，實其惡因也。我國民與國家關係日淺薄，馴至國之興廢存亡，若與己漠不相屬者，皆此之由。」——《新民說・論義務思想》

若　似乎，好像。

相屬　即相關。

顧　但，但是。

日　日日，意思是逐步、不斷。

馴　同訓，意思是教誨、教育。

清末時候，包括梁啟超在內的啟蒙者都指出了中國人缺乏權利思想的毛病，但梁啟超進一步認為，權利思想的缺乏，直接的原因在於義務思想的缺乏，也即沒有義務思想為因，沒有權利思想為果。中國人在長期專制之下養成的奴隸性，決定了國家利益與國民並無什麼關係，進而養成了國民對國家的興廢存亡十分冷漠，似乎與己無關的態度。奴隸性並不等於法定身份是奴隸，而是一種具有奴隸特徵的人格形態，不認為自己是自己的主人，而習慣於接受他人意志的支配。當連自己都不認為是自己的主人時，即使在建立憲政的變革時期，甚至在建立起了憲政的時代，也不會認為自己對國家有什麼義務。當在憲政時代，憲法誠然確立了每個國民的權利，但並不等於每個國民就會有義務的自覺，而沒有義務的自覺，即使憲法規定的權利，也不會去爭取。梁啟超在美國發現，美國華僑對於國家的義務觀念很弱，從而在美國社會的地位也只能處於邊緣化狀態。梁啟超將沒有義務思想確立為惡因，將沒有權利思想確立為惡果，是十分深刻的。

十三

「日歆羡他人之自由民權，而不考其所以得此之由。他人求之而獲之，而我則望其自來。他人以血以淚購之，而我欲以口以舌為易。他人一國中無大無小無貴無賤無富無貧而皆各自認其相當之義務，返之吾國，若者為官吏之義務，若者為士君子之義務，若者為農工商之義務，若者為軍人之義務，若者為保守黨之義務，若者為維新黨之義務，若者為溫和派之義務，若者為急進派之義務，若者為青年之義務，若者為少年之義務，若者為婦女之義務。」——《新民說・論義務思想》

日　每天。

歆羡　愛慕，羡慕。

考　考查，推究，研究。

望其自來　盼望其自己來到。

易　交換，交易。

若者　相當於或者。

清末經過啟蒙後，中國越來越多的人開始議論起了民權、自由、憲政，甚至成為了有知識的人們的時髦話語。梁啟超尖銳指出這種現象下隱藏著的危機，也即人們對憲政的追求主要限於高談闊論，十分膚淺，不探求如何才能達到真正的憲政，缺乏踏實的行動。梁啟超指出，憲政國家是通過追求才達到進步，而中國人則是翹首盼望而不行動，以為這樣憲政就會自動來到中國；憲政國家是通過流血流淚達到，而中國人則是君子動口不動手，以為可以通過磨嘴皮子就能實現憲政。當需要行動時候，憲政國家是不分年齡、地位、貧富，人人出力，主動擔當義務，而中國人則是永遠有無數可以推託的理由，或者說這是當官的人的事情，或者說這是知識份子的事情，或者說這是農民、工人、商人的事情，或者說這是軍人的事情，或者說這是保守黨的事情，或者說這是維新黨的事情，或者說這是溫和派的事情，或者說這是急進派的事情，或者說這是青年人的事情，或者甚至說這是少年、婦女的事情，反正就是別人的事情，與己無關，毫無義務思想，只希望自己能夠坐享其成。對於推動社會進步的運動，中國人總是十分羨慕的樣子，但卻也總是流於耍嘴皮子，甚至連嘴皮子也不願意耍，要別人去耍，自己徹底坐享其成。

十四

「吾中國人惟日望仁政於其君上也，故遇仁焉者，則為之嬰兒；遇不仁焉者，則為之魚肉。古今仁君少而暴君多，故吾民自數千年來祖宗之遺傳，即以受人魚肉為天經地義，而權利一字之識想，斷絕於吾腦質中者固已久矣。」——《新民說・論權利思想》

魚肉　被暴力欺凌、難以反抗的對象。　　　腦質　腦髓，意指大腦。

識想　意識，思想。

在數千年專制歷史中，中國政治的理想狀態只能是仁政，也即好的專制。但是，不管怎麼個仁政，專制終究是專制。專制之下，國民的本質總是奴隸性，因此，遇到好的君主有仁政則如被撫養的嬰兒，遇到不好的君王有暴政就如被任意宰割的魚肉。悲哀的是，儘管有儒家教義的教誨，有萬民衷心的頌揚，但要遇到一個真正執行仁政的好的君王，卻是數百年而難有機會，常規只能接受暴君的統治，因此，中國人被當作任意宰割的魚肉，無論是統治者還是國民自己，都認為是件天經地義的事情，誰的腦海裏都沒有權利二字。中國人追求仁政，希望不是掌握在自己手上，而是寄託到國家領導者身上，有著根深蒂固的本能，深刻地植入到了腦筋的潛意識當中，因此，即使辛亥革命之後，也還是這樣的性格。

十五

「過於天地，必有興立。國之所以興立者，吾無以名之，名之曰國性。」——〈國性篇〉

過　經過。

興立　興辦，興建，建立。

過於天地，也就是到這個世界上走上一遭，也即成為在這個世界上出現過了的事物。只要走上一遭，就總要有所建立。國家是世界上一件事物，自然就要有所建立，之所以能夠有所建立的性質，梁啟超稱之為國性。國性這一概念，是梁啟超首創。一九一二年梁啟超思考如何建國問題，〈國性篇〉雖然是篇僅僅二千數百字的短文，但是他在這一年中最重要的文字之一。辛亥革命後該如何建國，作為中國最重要的政治領袖和精神領袖之一，梁啟超不僅從制度層面進行了思考，而且也從精神層面進行了思考，由此而提出了國性範疇。所謂國性，就字面直接的涵義來說，就是民族國家的根本性。梁啟超說：「國之有性，如人之有性然。人性不同，乃如其面，雖極相近而終不能以相易也。失其本性，斯失其所以為人矣。惟國亦然，緣性之殊，乃各自為國以立於大地。苟本無國性者，則自始不能以立國；國性未成熟具足，雖立焉而國不固；立國以後而國性流轉喪失，則國亡矣。」（〈國性篇〉）因此，國性也是國家人格。由於梁啟超所說的國家是民族國家，因此，國性又包含著民族性。

國性並不是成立了國家就能夠天然具備的，而是必須要逐步養成的，一當養成，就有著極大的穩定性，所以他說：「國性可助長而不可創造也，可改良而不可蔑棄也。蓋國性之為物，必涵濡數百年，而長養於不識不知之間，雖有神聖奇哲，欲懸一理而咄嗟創造之，終不克致。」（〈國性篇〉）有國家的形式而沒有養成國性，則國家就不能長久存在。國家之間的民族同化，也就是國性的同化。當國家衰敗，則國性就處於喪失的狀態，「當國性之衰落也，其國人對於本國之典章文物紀綱法度，乃至歷史上傳來之成績，無一不懷疑，無一不輕侮，甚則無一不厭棄。殆焉少數人耳，繼則彌漫於國中，及其橫流所極，欲求片詞只義足以維繫全國人心者而渺不可得，公共信條失墜，個人對個人之行為，個人對社會之行為，一切無復標準」。（〈國性篇〉）國性與國民性有密切關係，但不等於國民性。梁啟超對中國的國民性始終是持批判態度的，但他認為國性卻必須要堅守，在改良中維持其穩定性。梁啟超的國性範疇在當時很快為嚴復等思想界人士所接受，儘管該範疇在「五四」運動後被遺忘，在革命時代並沒有能夠得到光大和繼承，但相對於中國數千年歷史及將來長遠歷史而言，其深遠的意義絕不是一個短暫時代所能夠限制。

十六

「國之成立，恃有國性。國性消失，則為自亡。剝奪人國之國性，則為亡人國。國之亡也，捨此二者無他途矣。國性之為物，耳不可得而聞，目不可得而見，其具象之約略可指者，則語言文字思想宗教習俗，以次衍為禮文法律，有以溝通全國人之德慧術智，使之相喻而相發，有以綱維全國人之情感愛欲，使之相親而相扶。此其為物也，極不易成，及其既成，則亦不易滅。豈惟不易滅，以物理學上質力不滅之真理，律之，蓋有終不得而滅者矣。是故東西古今已亡之國，或其本無國性不能稱為國者也，或其國性尚未成熟，而猝遇強敵，中道夭於非命者也，或有國性而自摧毀之者也。」——〈大中華發刊辭〉

恃　依憑。

人國　他人之國。

具象　外在的具體的實在徵象。

衍為　衍生為。

禮文　指禮樂儀制，簡單來說就是禮儀。

相喻而相發　互相教育互相發揚。喻，說明，瞭解，可引申為教育。

綱維　維繫，維持，護持。

豈惟　即豈只是。

質力不滅之真理　即物理學的物質不滅和能量守恆定律。

律之　規律之，即按照規律進行考察、規定。

終不得而滅者　終究不能給予滅亡的。

猝遇　突然遭遇。

中道夭於非命　半路死於意外。中道，即中途、半路。夭，yāo／ㄧㄠ，未成年而死。非命，遭遇災禍而死。

國性既然是國家的根本性，那麼，國家的存亡也就在於國性的存亡。一個國家自己讓國性消失，那就是自己亡國，如果把另一個國家的國性剝奪掉，就是把這個國家滅掉。就國性的範疇來說，是抽象的，必須要通過理性把握。就國性的具象而言，大致來說就是一個國家人們共同擁有的語言、文字、思想、宗教、習俗，次一級的就是制度層面的禮樂儀制和法律制度，通過道德、智慧、學術、文學等方式，互相教育、啟發，維繫情感愛欲，彼此親愛、扶持。

梁啟超認為，國性的形成很不容易，但是一當形成了，就很難將國性消滅，就如物質不滅定律和能量守恆定律那樣，終究是難以消亡的。一個國家之所以亡國，只存在兩種可能的情況：一是這個國家的國性還沒有形成或成熟時候，就遭遇外來強敵，無法抵抗，被外來力量同化，從而亡國；二是這個國家的國性自己衰落，以至消亡，從而亡國。亡國之道，無非就是這樣兩種情況。也即要麼是由於國性沒有形成而亡國，要麼就是自取滅亡。對於中國這樣早就國性成熟了的古老國家來說，任何外敵都不能將中國滅亡，中國要亡國唯一的可能只有是自取滅亡。因此，中國理性的進步道路，不應該把落後了的責任推給外國侵略，不應該專注於從外部尋找原因，而應該從自身出發，對自己進行無情批判，只有這樣，才是正道。

十七

「既積民以成國，則國內之民之品性趨向好尚習慣，必畫然有以異於他國，若此者謂之國風。國風之善惡，則國命之興替所攸繫也。」——〈說國風上〉
品性趨向　即品性的傾向。
好尚習慣　即崇尚與習慣。
畫然　即劃然，界線分明的意思。
國命　即國家命運。
攸繫　所繫，所關。攸，所。繫，關聯。
國性是內在的、精神的，國風則是外在的、形質的。國性概念是梁啟超所創，國風概念則源自古老的《詩經》。國風是一國國民品性的外在化傾向或者說就是品行，表現為人們的風尚習俗，構成為民族文化的基本形式，所以，一國與另一國之間的國風就有著比較鮮明的差別，可以通過直接的觀照給予分辨。當一個國家孤立存在時，其國風無所謂善惡好壞，但事實上在人類進入國家時代後，少有純粹的孤立國家發生，總是國家與國家相接壤並存，因此，就有了善惡好壞的差別，從而就會牽涉到國家存亡興替的命運，所以，梁啟超說：「國風之善惡，則國命之興替所攸繫也。」比如當把滿清看作為一個完全孤立的閉塞國家時，中國女性的纏足風俗可說是無所謂好壞，但是，當不承認滿清是這樣一個國家，而是從與西方的文化比較評價，則中國女性的纏足風俗就是件極其醜陋的習俗，而這種醜陋構成為了中國文化的一個落後因素，當諸如此類落後因素積累較多時，就意味著中國文化整體的落後，從而也就意味著在中西競爭中，中國將敗落的命運，或者至少將意味著中國缺乏國際競爭力。所以，古老的中國要進步，要站在世界之林，就不可避免地需要進行移風易俗。

十八

「夫國之存亡，非謂夫社稷宗廟之興廢也，非謂夫正朔服色之存替也。蓋有所謂國民性者，國民性而喪，雖社稷宗廟正朔服色儼然，君子謂之未始有國也；反是則雖微社稷宗廟正朔服色，豈害為有國？國民性何物？一國之人，千數百年來受諸其祖若宗，而因以自覺其卓然別成一合同而化之團體以示異於他國民者是已。國民性以何道而嗣續？以何道而傳播？以何道而發揚？則文學實傳其薪火而筦其樞機。明乎此義，然後知古人所謂文章為經國大業不朽盛事者，殊非誇也。」

——〈麗韓十家文鈔序〉

社稷宗廟　泛指國家的崇拜儀式和場所。社稷，土地神和穀物神，為中國農耕文明最為重要的祭祀形態。宗廟，進行祖先崇拜祭祀的場所。

正朔服色　喻指年度祭祀的形式。正朔，即元旦，正月初一。服色，進行祭祀時規定的車馬、犧牲的顏色。

儼然　莊重整齊的樣子。

謂　稱，說。
反是　與此相反。
微　無，非。
卓然　突出的樣子。
別成　另外成為。
合同而化　合在一起而發生同化。

嗣續　繼承延續。
筦其樞機　控制其關鍵。筦，通管，即管理、控制。樞機，關鍵。
經國　治理國家。
殊非　不同，不是。

國性是國家的根本性，而國民是國家之本，因此，國民性雖然不等於國性，但是國性最基本的內容和形態。梁啟超的一生，對中國國民性的批判持久而猛烈，但他的批判是以肯定中國國民性為前提的，是肯定前提下的個別特性的否定，以希望中國國民能進步到憲政時代。正因為梁啟超對中國國民性的主流是肯定的，因此，就構成了他認為中國不會亡國滅種的主要理由之一。社稷宗廟是中國最古老也最重要的崇拜、祭祀形態，正朔服色是一年一度進行祭祀的禮儀，是中國極其重要的精神形態，但是，梁啟超認為這些較之國民性遠為次要，因為，社稷宗廟、正朔服色的儀式化本身可能使它們流於形式，而作為崇拜來說，一個民族也會隨著歷史演變而演變，但只要有國民性存在，國家就不會亡，即使亡國了也可以重新建國。流亡海外的華僑可以堅守自己的文化，可以堅守自己的崇拜，可以在新的聚居地建立社稷宗廟，規定正朔服色，但是，由於國民性的喪失，就很難擁有屬於自己的新的國家。有社稷宗廟、正朔服色，未必有國家；有國家則一定有國民性為基礎。那麼，到底什麼是國民性呢？梁啟超定義為：「一國之人，千數百年來受諸其祖若宗，而因以自覺其卓然別成一合同而化之團體以示異於他國民者是已。」這意思就是說，國民性是一個國家的國民，從祖宗以來自覺積累、彼此同化為一牢固族群，並與其他國家國民相區別的性質。歷史的積累，族群的同化，國家的形態，這是國民性最重要的三個規定，至於具體內容如何，則一國國民自有其特別的形態。對於國民性的傳承、傳播、發揚，文學具有關鍵性的意義，也即「文學實傳其薪火而筦其樞機」。這裏所說的文學是泛義的，泛指以文字形式為特徵的藝術。

十九

「中國者一凌亂無法之國也，中人者一放蕩無紀之國民也。」——〈論中國國民之品格〉

中人　中國人。

梁啟超是中國最早的熟悉中外法律制度的法學專家，他對中國的法律思想史和法制史深有研究，他肯定了從管仲以後的法制傳統。那麼，為什麼中國還是一個「凌亂無法之國」呢？就國家法而言，中國古代的法律不可不謂發達，但是，在皇權專制之下，法律的根本還是在人治之下，也即所謂法制，只是人治的一個工具，工具論是中國法律的核心精神，因而，所謂的法律並不具有絕對性，它隨時為人治所左右。另一個非常重要的原因在於，中國社會的基礎層面是鄉治社會，國家權力通常到縣一級，法律訴訟很少進入到基層的社會生活當中，人們的行為通常不需要與國家法律發生直接的關係，各地各鄉按照各有特色的鄉規民約實行自我管理。這樣兩個主要因素，就構成了中國的「凌亂無法」狀態。在這樣的狀態下，國民也就養成了「放蕩無紀」習性。在官僚階層，中國歷朝雖然不乏刻板於法律的諍臣，但這畢竟不是主流，主流是人治的觀念，是按照上級官僚和帝王的顏色進行主張，是權力決定一切，而權力從來就是「放蕩無紀」的本性。在普通國民階層，既然少與國家法律有直接關聯，那麼，也就自然缺乏法律的觀念，甚至可以視法律為無有，他們的行為相對於國家法來說，同樣是「放蕩無紀」。

二一

「吾中國道德之發達，不可謂不早，雖然，偏於私德，而公德殆缺如。」——《新民說・論公德》

還在春秋戰國出現諸子百家之前，德就已經是中國最核心的思想，因此，中國可說是有著最悠久的以道德立國的傳統，春秋戰國以後的中國思想主流可說是道德哲學。但是，不僅是儒家學說，而且其他學說比如老莊哲學，所謂道德無不是從個人、家庭出發，也即按照儒家學說的說法就是從修身、齊家出發。因此，中國的道德觀就是偏重於私德，極端的表現就是講究各人自掃門前雪，不顧他人瓦上霜，這樣就導致了公德的缺乏。這種道德狀態當在需要實現憲政或進入憲政社會時，就成為了嚴重的道德問題，極其不利於建立健全的憲政社會。這是因為，憲政社會就是公民社會，國民一方面是必須堅守個人主義的，但另一方面又

缺如　欠缺，沒有。

必須進行合作以自治，從而達到對整個社會和國家的管理，也即所謂公民，是以個人主義為基礎的公共化國民，其私德以自由主義為精神，又必須具備強烈的公德精神。與中國傳統的道德觀不同，公民社會對私德並不強求，當在私人領域時，每個人的私德如何他人不可以隨便干涉，但當在公共領域時，不管個人私德如何，都應該遵守公德規範，以保證社會合作和公共治理，也即中國傳統社會強調的是私德，而公民社會則強調的是公德。

二二

「我國人所以至今不振者，一言蔽之，曰公共心缺乏而已。私家之事，成績可觀者往往而有，一涉公字，其事立敗。」——《國民淺訓・公共心》

不振　不振作，不振興。

可觀　達到了比較高的水平、程度。

就辛亥革命本身而言，武昌一聲槍響，中國二千一百餘年專制皇權統治歷史就迅速終結，在全世界的變革中看來似乎空前順利，但是，革命後憲政的建設也立即遇到了空前的困難。作為中國最重要的思想家和政治家，梁啟超對憲政建設的困難進行了一系列的研究和思考。一九一六年梁啟超為了反袁護國，冒著生命危險從上海南下廣西，在躲避袁世凱勢力追捕中藏入深山，大病一場初癒即奮筆寫了〈國民淺訓〉一稿，其中再次對中國人公德的缺乏進行了嚴厲批判。不僅辛亥革命前，而且辛亥革命後，中國人的難以振興，梁啟超歸結為一個總的原因：「公共心缺乏而已。」中國人在一人一家的事情上，往往會很有成就，但一涉及到一個「公」字，做什麼事情馬上就是失敗的結果。這就是中國俗語說的：一個和尚挑水吃，兩個和尚扛水吃，三個和尚沒水吃。或者就是：一人是龍，眾人成蟲。憲政的實現，必須要以公民合作為基礎，當公民缺乏公共心——公德，不能夠進行良好的合作以自治，那麼，公共事務就必須要寄託於凌駕眾人之上的權威以實行，從而構成為了對專制的希求，專制統治就會獲得合理性；即使專制統治不能被證明為合理，當既有的現實已經存在著如袁世凱那樣的集權者時，專制也會獲得強化的機會，憲政的推行力被極大限制；甚至可能出現災難性後果，混亂的社會狀態導致人們放棄對憲政的追求，轉而演變為推動建立更強有力的新的專制制度。

二三

「悲哉，吾中國人無自尊性質也。簪纓何物？以一鈎金塞其帽頂，則腳靴手版，磕頭請安，戢戢然矣。阿堵何物？以一貫銅晃其腰纏，則色肆指動，圍繞奔走，喁喁然矣。夫沐冠而喜者，戲猴之態也；投骨而嚙者，畜犬之情也。人之所以為人者，其資格安在耶？顧乃自儕於猴犬而恬不為怪也。故夫自尊與不自尊，實天民奴隸之絕大關頭也。」——《新民說・論自尊》

簪纓　古代達官貴人的冠飾。

手版　古代官吏上朝或謁見時使用的禮器，也即笏。

戢戢然　十分收斂、謹慎的樣子。

阿堵　泛指錢。

一貫　一千個銅錢。

色肆指動　臉色放肆，手指揮動，形容頤指氣使的樣子。

喁喁然　期待的樣子。

沐冠　即沐猴而冠，猴子帶帽子。

戲猴　滑稽的猴子。

嚙　niè／ㄋㄧㄝˋ，同齧，咬，啃。

顧　反而，卻。
自儕於　將自己降低身份與某某並列。
恬不為怪　安然不知道奇怪。
天民　平民，喻指公民。
關頭　事情成敗的關鍵。

中國人的奴隸性就是中國人缺乏自尊心，這並不等於中國人不需要尊重，而是在於中國人所理解的尊重是非人格的，所追求的尊重是外在的肉體的滿足。梁啟超描述了兩種比較典型的情況：一種是地位追求，以得到官帽手版為榮，即使天天需要磕頭請安，一舉一動都必須極其收斂、謹慎，也毫無羞辱之感，反正就是以為當了官就是尊榮；一種是金錢追求，有錢的人腰裏掛著一串銅錢，就可以對周圍人頤指氣使，周圍人們則圍繞著他聽其驅使奔走，期待著能夠賞到幾個銅板，無論是有錢人還是周圍人都覺得這樣很光榮，絲毫不覺得羞恥。梁啟超說，以追求地位為榮的人實際就跟搶了頂帽子帶著玩的猴子一樣，以追求金錢為榮的人則跟投了根骨頭就搶著啃的狗一樣，所追求的都不是人格尊嚴。當不是以追求人格尊嚴為目標，則地位、金錢就只是動物性的滿足，是中國人把自己歸到了動物一類。自尊還是不自尊，不在於外在的追求是什麼，而在於人格，因此，梁啟超說這是「天民奴隸之絕大關頭」，也即是劃分公民還是奴才的根本所在。

二四

「政治是國民心理的寫照，無論何種形式的政治，總是國民心理積極的或消極的表現。積極的表現，是國民心目中有了某種理想的政治，努力把他建設起來。消極的表現，是國民對於現行政治安習他默認他。凡一種政治所以能成立能存在，不是在甲狀態之下，即是在乙狀態之下。所以研究政治，最要緊的是研究國民心理；要改革政治，根本要改革國民心理。」——《先秦政治思想史・附錄：先秦政治思想》

安習　安然地習慣於。

國民性的內在，就是國民心理。政治是人的政治，國民作為國家的主體，一國政治就是由國民為主體的政治，因此，有什麼樣的國民心理，也就會有什麼樣的國家政治；反過來說，就是一國政治是國民心理的寫照。梁啟超認為，這種寫照無非是分為積極的和消極的兩種，積極的寫照就是政治更符合於國民理想並富有建設性，消極的寫照就是政治缺乏國民的參與，國民只是採取習慣和默認現行政治的態度，缺乏理想和建設性。一國政治與國民心理的關係，不在積極狀態就是在消極狀態。既然如此，那麼研究政治就應該研究國民心理，改革政治就是要改革國民心理。

第十篇：人生

一

「宇宙即人生，人生即宇宙，我的人格和宇宙無二無別。體驗得這個道理，就叫做『仁者』。」——〈為學與做人〉

無二無別　沒有二致，沒有區別。

所謂宇宙是人所感、所知的，人所感、所知以外，別無宇宙。所以，宇宙是人的。既然如此，則心之變化，即意味著宇宙的變化；宇宙的變化，必導致心的變化。這就是天與人合一。在天人合一的哲學中，宇宙與人生與人格是達到同一的。梁啟超認為：「體驗得這個道理，就叫做『仁者』。」仁者就是有大德大智之人。大德無私，將自己與宇宙相融合，自然無私。大智不塞，自己與宇宙渾而為一，自然貫通。所以，能明白天人合一的道理，並通過自己的心實踐人生，昇華人格，自然也就達到了仁者的境界。

二

「人生觀是個人的，各人有各人的人生觀。各人的人生觀不必都是對的，不必於人人都合宜。」——〈「知不可而為」主義與「為而不有」主義〉

合宜　適合，適宜。

人生觀首先是一種觀念，當其僅僅只是一種觀念形態時，是完全個人性的，他人沒有權力給予干涉。這當中必須要分辨清楚一個界線，就是不干涉不等於不可評判。每個人的人生觀都需要通過思考得到，這種思考自然就包括著對他人的人生觀進行評判，反過來也需要接受他人的評判，因此，評判本身是合理的，是必須的。進行評判是思想的自由，他人有什麼樣的人生觀也是思想的自由，因此，對他人人生觀的評判就有著第二個界線：評判僅僅只是一種思想方式，而不能夠成為意志的方式，也即可以認為某人的人生觀是對的或錯的，但不可以責備乃至責令其為對的或錯的。當然，評判也是批判，但這只能限制於思想的範圍，即使如此，也還需要謹慎和收斂，因為評判所依據的人類既有思想方式並不等於就具有絕對的價值意義，每個人都可以選擇自己特定的價值觀，這是評判的第三個界線。總之，當人生觀僅僅只是觀念的形態時，是屬於思想自由的方式，可以評判為對、錯，但不可責令為對、錯，其作為思想觀念是完全個人主義的。意志的方式是評判的深淵，因為它已經不只是侷限於思想的意志，而演變為了行為的意志，用行為對他人的思想進行干涉。

三

「吾輩皆死，吾輩皆不死。死者，吾輩之個體也；不死者，吾輩之群體也。」

——〈余之死生觀〉

人皆有一死，故梁啟超說「吾輩皆死」。但梁啟超認為，個人雖然有死，人類卻不死。這是什麼意思呢？個人誠然有死，但當從積極的角度對待自己人生時，人無不希望追求永生的意義。這種追求未必有著明確的概念，但其實作為本能潛藏在每個人的心裏，其最自然的本能體現，就是通過繁殖的生命延續。人類正是通過這種本能，而達到類的不死，個人因數蘊涵在不死的類中。不光是生命通過繁殖的永生，更重要的是思想和事功的積累。個人誠然死了，但他活著時候的思想和事功，都演變為了人類全部精神和事業的因數，如果是負作用的，則就意味著沒有永生；如果是正作用的，就積累而為歷史的進步，就意味著獲得了永生。因此，積極的人生就是要在自己短暫的生命過程中，在思想和事功方面為人類的進步有所貢獻，通過人類的不死而使自己達到人生意義的永生。梁啟超的永生觀源於佛教的輪迴說，又與進化論、遺傳學等結合在了一起，是一種很特別的永生理論。

四

「死之責任，非猶夫尋常之責任也。他責任容或可逃，惟此一責任，則斷無可逃。」——〈余之死生觀〉

非猶　不是如某某一樣，不是像某某一樣。　斷無　絕無。

容　容許。

梁啟超認為，人可能做到逃避通常所謂的責任，但「死之責任」卻絕對無法逃避，這就是「他責任容或可逃，惟此一責任，則斷無可逃」。什麼叫做「死之責任」呢？一個人不管本人如何認為，其一生的思想、事功都將在無可逃避的死的關節得到總結，從而形成一種責任，這種責任就是「死之責任」。「死之責任」有兩個方面：一是「以死利我之責任」，一是「以死利群之責任」（〈余之死生觀〉）；前者可說是個人責任，後者可說是人類責任。兩種「死之責任」的焦點都在個人的生命和軀體上，當死之時，我與自己生命之間的關係構成了個人責任，也即自己是如何對待自己生命的；另一方面，我的生命與整個人類的存在之間的關係又構成了人類責任，也即我對人類作出了怎樣的貢獻。因而，「死之責任」就既是為我的，又是為他的；既是應該利我的，又是應該利他的。

五

「人在無邊的『宇』（空間）中，只是微塵，不斷的『宙』（時間）中，只是段片。」——〈「知不可而為」主義與「為而不有」主義〉

段片　即片段，意為一瞬。

宇宙，即空間與時間之同一。空間與時間一而二，二而一。一，就是不可分；二，就是可從理性而分。人在宇宙中，當從空間而言，軀體就如一粒微塵；當從時間而言，壽命只是一瞬。故人生比較宇宙來說，極其微不足道，無所可為。從這而言，似乎梁啟超的人生觀消極到了徹底。其實不然，這種徹底的消極，恰恰是積極的前提乃至轉化為極大的動力。既然人只是微塵、一瞬，就無所謂生死。事實是當人還在思考自己的意義時，正是活著，因而就無所謂死，可以藐視死，無所畏懼、困惑。微塵、一瞬小之又小，但終究還是空間、時間，其實際的存在就是小宇宙，就是人本身的宇宙，其內在更有小之又小，微塵中更有微塵，一瞬中更有一瞬，故又是大之又大，無所不可為。簡而言之，人首先要認識到自己對於世界無足輕重的地位，從而不要孜孜於眼前的得失苦樂，而要珍視自己的人生，放棄患得患失的心理，無所畏懼地去努力，去奮鬥。

六

「幸福生於權利，權利生於智慧。」——《政治學學理摭言・最大多數最大幸福義》

人幸福與否不是取決於別人的評判，而是取決於自身的評判。這種評判可以是理性的，也可以僅僅是一種主觀感受，總體而言，就是人的自身心理價值狀態，當處於正價值時，即為幸福，反之則為不幸福。因此，幸福的前提是人主體性的確立，從根本上說就是自我獨立人格的存在。當不具有自我獨立人格時，所謂幸福，就只是偽幸福，偽幸福是外在力量的強加和評判。比如，一個人吃肉是否屬於幸福，當其具有獨立人格時就由他自己形成真實的評判，但當其不具有獨立人格時，他人認為這就是幸福，則無論他自己是否認為是幸福，就都必須要承認吃肉就是幸福。非獨立人格的幸福判斷，只能依賴、服從於外在的評判。因此，幸福就與權利發生了關聯。所謂獨立人格，必須要在具有權利時才是現實的，不然就只是主觀意志的自覺，不具有行為意志的自由。當具有權利，人的獨立人格就不僅是精神的，而且是行為的，從而可以獲得真實的幸福感。反過來就可以說：「幸福生於權利。」當在專制環境下時候，人的權利需要通過變革實現；當在憲政環境下時候，人的權利誠然由憲法規定，但具體的權利依然需要由人爭取。無論是進行變革還是爭取，都由自由意志所促動，而自由意志的本質則是智慧。

七

「苟無精神生活的人，為社會計，為個人計，都是知識少裝一點為好。因為無精神生活的人，知識愈多，痛苦愈甚，作歹事的本領也增多。」——〈東南大學課畢告別辭〉

知識之於善惡，向來是中西哲學中的古老命題。無論中西，主流的觀念都是認為知識利於善良，也即知識較多的人群比較具有善良心。但是，這一觀念總是會不斷受到個案的挑戰，大量富有知識的人也是作惡多端的人，而大量文盲則又是極其善良的人。其實，知識與善惡本不存在直接的關聯，它們分屬於知與性這兩個不同範疇。善惡是人性，或認為人性本善，或認為人性本惡，無論怎樣的觀點都不否認其為本性的邏輯層次，或善或惡都是人赤條條來時所具備或自然養成，與讀書不讀書無關。善、惡有分，或善或惡，人類的價值觀自然選擇善，排斥惡，這就叫信。信，就是相信、信任、信念、信仰，不是真理，而是價值。

真理需要依賴知識，價值不需要依賴知識，所以，一切人都可以有信。信不是一瞬，而是持久，因而信善就是生活本身，歸於人的精神的生活。知識是經驗和理性的活動，以語言、文字的形式給予集中體現，而其天然的求真性則隨時可能發生對信的懷疑。因此，就出現了這樣的情況：無知識、少知識的人於信善的精神生活更能夠投入，全世界各種宗教無不是以無知識、少知識的人為基本的忠誠的善男信女隊伍。當有知識的人信善，比之無知識、少知識的人更有著自覺。知識誠然可以懷疑信，但也可以證明信，信而有證明，就達到了理智的自覺。問題在於，當有知識的人無信時候，不能有信善的精神生活，則知識就可能成為作惡的工具。知識是一種能力，知識而為工具，可以增加為善的能力，也可以增加為惡的能力，為善還是為惡，不是決定於作為工具了的知識本身，而是決定於使用這工具的意志性質。意志是善的，則知識運用為善；意志是惡的，則知識運用為惡。在現代的知識文明時代，沒有知識的人總體而言難能具備大的能力，即使為惡也難有翻天覆地的大惡，但如果是有知識的人，則就可能做出翻天覆地的大惡出來。

八

「諸君啊，你千萬不要以為得些片段的智識，就算是有學問呀。我老實不客氣告訴你罷，你如果做成一個人，智識自然是越多越好；你如果做不成一個人，智識卻是越多越壞。」——〈為學與做人〉

智識　即知識。

學問　系統的、貫通了的知識。

知識包括學問，但不等於學問。學問是學與問的累加，也即研究與探求的不斷進行，是達到系統化並不斷貫通著的知識，因此，學問不僅是經驗表述和求真結果，也是求人生之真諦，是達德獲道之方式，學問之境界是心我合一的人生智慧，是人生向善的高級方式。簡而言之，學問在實踐的方面，就是做人。做人是向善，否則就不叫做人。做人未必需要學問，它可以直接來源於人性的動力和信仰，因而更未必需要知識。片段、零碎的知識未必能夠教會做人，只有學問才能與做人合一，而做人更根基於心靈和道德。當一個人知道了做人，知識便能夠增加其能力，更好地從善；但當一個人不知道做人，日日地作惡，知識反成了他作惡的工具。

九

「想要養成判斷力：第一步，最少須有相當的常識；進一步，對於自己要做的事須有專門的智識；再進一步，還要有遇事能斷的智慧。」——《為學與做人》

梁啟超所說的判斷力，不是邏輯學的概念，而是人生的概念，指的是人生中明辨是非以決斷自己行為的能力。因而，這種判斷力，可稱為人生判斷力，或做人判斷力。但是，既名為判斷，終究是大腦中的事情，是依據於智力的精神行為。梁啟超將其分為常識、知識、智慧，這既是三種類型，又是三個提升的階梯。常識是人人皆可掌握的，經過教育的人可以具備，不經過教育的人也可以具備。常識有經驗的形態，也有理性的形態，主要基礎是感受、直覺、感悟，不以理性證明為必要基礎，也即人的常識以結論性、表述性命題為基本特徵，不需要掌握和具備證明過程。知識無論是來源經驗的總結還是理性的演繹，都有著證明的基礎。知識的掌握不是重在命題，而是重在論證，因而必須要經過教育才可以實現。

智慧與知識的區別在於兩個方面：知識可以是零碎的，智慧則是貫通的；知識側重於客觀，智慧則以自由意志為主導。在現代知識文明時代，知識是必要的判斷力，這既是教育普及的結果，也是推動教育普及的必要，以至於幾乎做所有的事情都需要有經過教育的知識。儘管如此，有兩個原因決定了知識的侷限：由於現代知識體系已經達到了沒有任何人可以全盤掌握，對於某個人來說，所掌握的知識在本質上就總是局部的、片段的，由此進行的判斷就經常建立在了偏見之上，這是現代知識的經常偏見特徵；知識的客觀理性拒絕著主觀意志，由此決定了知識的非人性化，使人從專制統治解放出來時，又成為知識的奴隸，將自己的判斷建立在了新的奴性之上，突出表現即是盲目的、自以為是的科學崇拜主義。前一個侷限的彌補有賴於常識，後一個侷限的糾正有賴於智慧。

十

「辦事者有成有敗者也，而不辦事則全敗者也。知成敗之義者，其必知所擇矣。惟當其辦事也，雖不能要以必成，而必盡其智力及以期於可成；雖不能保其不敗，而必謀定後動而毋或立於必敗。此豈徒為達救世之目的而已，抑亦自養其氣勿使夭絕之一法門也。」——《自由書・成敗》

所擇　有所選擇。

要以　索取，含有一定要如何的意思。

期於可成　期望於成功。

謀定後動　先進行謀劃後再行動。

毋或　或不，意思是也許不會。

徒為　徒勞地為某某。

夭絕　中途死亡、決絕，也即中途失敗的意思。

人生之成功必須要通過行動實現。行動，就是做事。凡做事，有成有敗，未必一定成功，亦未必一定失敗。不做事，則無所謂成敗，於人生，則一定屬於失敗，毫無成功的可能。因此，人生成功的第一義，在於做事。做事既有成有敗，就總要爭取成功，既然做了，就要把事情做好。把事情做好，首先要竭盡自己的智力，樹立起信心；其次要仔細謀劃，不能茫然於行動。這樣，才能最大可能提高成功的概率。這是人生成功的第二義。能夠做到這兩義，即使最終的結果仍然是失敗，也不必要喪氣。各人理想不同，人生價值觀不同，做事也許不是為了救助社會，或者試圖救助社會而不得，但對做事的個人自己，雖然失敗，終究是有好處的。所謂好處，就是無論成敗，做事本身就是一種人生的活躍，可以培養自己的生氣，不至於使自己人生發生中途夭折。也就是說，做事是生命活著的現實證明，是人生正在進行著的實踐，這本身就已經是人生最要緊的成功了。

十一

「失望沮喪，是我們生命上最可怖之敵，我們須終身不許他侵入。」——〈致梁思成、林徽音（一九二八年四月二十六日）〉

任何人的人生都會有意滿與不意滿、成功與失敗、順利與波折的發生，不可能一切皆意滿、成功、順利，因此，就總會有失望、沮喪的時候。有一時的失望、沮喪是人之常情，並不可怕，如果再三、持久地失望、沮喪，那就是人生最可怕的事情了。這就如疾病，當還在表皮時只要及時治療痊癒，就不會有什麼問題，但不給予及時治療，讓它侵入到骨髓、臟腑中去，就難有藥治了。一個人經常、持久地沉淪在失望、沮喪，人生也就意味著大病，生不如死，因此，人生有不滿、失敗、波折並不可怕，怕的是不能從失望、沮喪中解脫出來。所以，就要把失望、沮喪當作最大的敵人，與他戰鬥，堅決地抵抗住他。

十二

「為自尊二字下一定義，吾敢申言之曰：凡不自愛不自治不自立不自牧不自任者，決非能自尊之人也。五者缺一，而猶施施然自尊者，則自尊主義之罪人也。」——《新民說・論自尊》

申言　即聲言，含有宣佈的意思。

自牧　自我修養。

自任　自我擔當，含有自信、自禁的意思。

施施然　自鳴得意的樣子。

自尊是人對自己人格的自覺。這樣的本質規定敘述似乎比較空洞，因此，可以從具體內容進一步問：到底什麼是自尊？梁啟超將自尊規定為五個內容：自愛，自治，自立，自牧，自任。自覺的前提是自知，也即人格自覺要以對人格的知為前提，但梁啟超卻並沒有把自知歸入到自尊的內容中去，而是首提自愛，這是很有深意的。自尊誠然要知尊，但自尊本身不屬於知性的，而是屬於情感和行為，知尊未必就能夠自尊，知有尊而可以不尊、棄尊甚至踐尊。中國人的奴隸性並不是等於在知性層次不知道有人格這樣東西，而是不以為自己可以建樹起人格，或以為不能夠建樹起自己的人格，缺乏的是自信，而自信的本質是自愛。所以，自知只是自尊的必要前提，而不等於自尊。自尊本身的首要，是自愛，也即首先要用情感支持起自己的人格，將自己的人身和人生與人格渾為一物，也即達到人格即生命、生命即人格的境界，這一境界不需要理性證明，完全就是養成為了人的本性、本能，除了愛，還是愛，不然，毋寧死。自愛作為情感當然是混沌的，但卻有著強大的力量，會轉化為道德。道德是自治的根本，自治即自我的管理，是自尊的捍衛，所賴以實現的是自愛的道德。有自愛、自治，人才能夠自立。自立既是人格的獨立，又是人生的樹立，依靠於自己的努力而生存、生活、發展，因而，是自尊的現實證明。有自愛、自治、自立，人格就有了基本的格局，但這並不等於人格的高尚，因而還不可以說是完整的自尊人格。自牧、自任則是人格的提升。自牧是向內的修養，使自己的人格在靈魂、心靈中達到完全和昇華，從而使自尊成為內修的精神。自任是將自己的人格外化，把自己與社會、人類相連接、相融合、相貫通，賦予自己以責任和義務，在擔當中使自尊成為外修的精神。如此，則自尊可以達到真正的完備，自愛、自治、自立、自牧、自任也是自尊的五個基本元素。因此，梁啟超認為，這五者不可缺一，不然，就只能屬於一己的自尊觀念，而不可以作為普世的自尊主義；如果以一己的殘缺的自尊觀念取代普世的自尊主義，那就是自以為是的罪人，也即自為罪人。

十三

「蓋人也者必非能以一人而自尊者也，故必其群尊，然後群內之人與之俱尊。而彼此自治力不足，則群且不成，尊於何有？我中國人格所以日趨於卑賤，其病源皆坐於是。」——《新民說・論自尊》

非能　不能。

坐　介詞，因，由於。

梁啟超認為，單獨的一個人是無法達到現實的自尊的，一定要所在的群體能夠得到尊嚴，然後作為群體的一分子能夠得到現實的自尊。個人之尊跟群體之尊實際上是一種互為的關係，個人之尊的累積達成群體之尊，而群體之尊則構成為個人之尊的外在環境條件，如果不具備這一必要條件，個人之尊也就難以現實地獲得和維持。因此，從個人而言，誠然要爭取個人的自尊，但這一爭取又恰恰必須要爭取實現群體尊嚴。要實現群體的尊嚴，就要實現自治，也即一方面個人自身的自治，一方面與他人完成良好的合作，以實現群體的自治。而自治，恰恰又是自尊的一個必要特徵和內容，兼具了個人性和群體性。梁啟超認為，自治對於個人自尊和群體尊嚴有著關鍵性的意義，「我中國人格所以日趨於卑賤，其病源皆坐於是」。

十四

「道德的目的不外下述二者：一，發展個性；二，發展群性。」——〈教育應用的道德公準〉

道德根源於人性，是發自於內的。但這並不等於道德就可以聽任、放任於自然。道德誠然根源於人性，依據於個人的自為、自覺，但純粹的一人無所謂道德，道德實際的發生存在於人與人之間的關係中，因而，道德又是可以由外在給予規範的，這種規範的基本方式就是教化，在現代則突出體現在教育當中。當從教育看道德，則梁啟超認為，道德的目的就是為了發展個性和群性。發展人的個性是現代道德的根本特徵，甚至可以說就是其根本點，因為，沒有個性的發展，所謂群性的發展就不會是現代意義的，甚至就只是道德在現代的退化。僅僅發展個性，而不發展群性，誠然可以認為是現代的，但這卻是虛幻的，是非現實的道德目標，因為，只要是道德，群性就總必須是道德的基本面，失去了這一基本面的個性發展是不現實的。當群性不具備，個性的人在其中就會被看作為異類，而人與人的不能合作則必然導致對異類的排擠甚至消滅。因而，沒有個性的群性是專制的，沒有群性的個性是難以生存和發展的。完善的道德，必然是既使每個人發展個性，又能達到人們彼此合作、自治的群性。

十五

「凡是一個人不能發展他的個性，便是自暴自棄。」——〈教育應用的道德公準〉

人的生命個體性決定了人的個人實體性，個人實體累加為總和才成為人類。人與人具有類的共性，其差異則由個性決定，因此，所謂個性，是一個人之所以為我的根本所在，是活生生的我、你、他之規定。既然如此，當「人」這個詞作為個人時，就可以說個性即人性，人之為人在於個性，無個性則為非人。個人賴以證明自己存在的在於個性，個人存在的根本所在在於個人，個人呈現其存在的在於個性。因此，人生就是一個人個性的發揮，而發揮的本質即是發展。誠然，當一個人不能夠發展個性，只要他活著，就也還是活著，但終究只是活著，與動物的距離接近，這就是自暴自棄。

十六

「凡人欲能護衛自己，不使墮落，非恃剛強不可。」——〈教育應用的道德公準〉

人生誠然是快樂的，但也充滿了悲苦。快樂是現實，是理想，悲苦則是根本。倘是遇到壓迫、挫折，則悲苦就多滋長為現實，擠壓掉快樂。當現實為悲苦占去，則人生就是徹根徹底地悲苦。徹根徹底地悲苦尚不是最最要緊，如果連快樂的理想也不能守住，則人生就如墮落進了地獄。人生要避免地獄的召喚，並沒有什麼可以倚賴，惟可倚賴的只能是自己的精神。悲苦可能是在肉體，但終究是在精神，因而，也只能從精神給予撫慰、抵抗，才能是真正的護衛自己。精神的撫慰、抵抗，在於意志，這種意志即是剛強。無悲苦的磨練，則無剛強的成長。有剛強，則悲苦不能傷害人生，靈魂不會墮落。剛強之源在於理想的快樂，由此而增添現實的快樂。人生終究是悲苦，快樂的獲取惟有剛強。

十七

「情感的性質是本能的，但他的力量，能引人到超本能的境界。情感的性質是現在的，但他的力量，能引人到超現在的境界。我們想入到生命之奧，把我的思想行為和我的生命迸合為一，把我的生命和宇宙和衆生迸合為一，除卻通過情感這一個關門，別無他路。所以情感是宇宙間一種大秘密。」——〈中國韻文裏頭所表現的情感〉

奧　不易理解的深遠意思，如奧妙、深奧、奧秘、奧義等。

迸合為一　迸發式的合併一起。

關門　關卡之門。

在梁啟超的思想中，理性和科學佔有極其重要的地位，是他一生所竭力提倡的，但他並沒有因此否定情感的作用和地位，相反，情感在他的思想體系中更有著終極性的意義。這該如何理解呢？首先，理性與科學是人類文明的主要成就，是推動文明的主要動力，是人類進入到現代的主要精神，故而必須要大力提倡理性與科學；其次，理性與科學並不能解決所有的問題，人類仍然必須要依賴於情感進行表達和行動；再次，對於人生而言，情感的作用比理性和科學更加重要，甚至是升入到高級境界的唯一方式。情感雖然是本能的，甚至是原始的，但直接出於人性，有著超越的力量。情感是現實的，但可以把人引向未來的境界。梁啟超認為，只有情感才能夠使人的精神進入到生命的最深處，將思想、行為與生命本身的力量爆發而融合為一體，把生命和宇宙的力量爆發而融合為一體，要而言之，就是以情感的爆發而達到人生、精神、宇宙的合而為一。可以把這稱為情感的哲學，它比愛的哲學更具有寬泛性和適合性。

十八

「人之生也，與憂患俱來，茍不爾，則從古聖哲，可以不出世矣。種種煩惱，皆為我練心之助。種種危險，皆為我練膽之助。隨處皆我之學校也，我正患無就學之地，而時時有此天造地設之學堂以餉之，不亦幸乎！我輩遇煩惱遇危險時，作如是觀，未有不灑然自得者。」——《自由書・養心語錄》

不爾　不這樣，不如此，不然。

從　依從，依順，依照。

出世　佛教用語，意為脫離人世、脫離俗世。

練心　即養心、修心。

天造地設　自然形成而最合乎理想。

餉　同饗，饗又同享，故餉通享，意為享用、享受。

作如是觀　對某一事物作如此這樣的看法。

灑然自得　灑脫而開心。

人生的根本是悲苦，這是一種註定的本質，所以，從人出生那一刻起，就已經伴隨著憂患了。如果試圖擺脫憂患，脫離人世自然是個辦法，但這畢竟不是常人所可為。常人能夠追求的，是既在現實人世，又能擺脫憂患，要想做到這樣，簡單的因循之法，就是遵從古代聖哲的教導去做。所謂古代聖哲教導的擺脫憂患之法，無非就是兩種：練心與練膽。每個人都可以把所遇到的各種煩惱，當作是在幫助自己練心；每個人都可以把所遇到的各種危險，當作是在幫助自己練膽。煩惱損心，不妨把它反過來對待，看作是對心的磨練，磨練得多了，也就無所謂煩惱；危險害膽，不妨把它反過來對待，看作是對膽的磨練，磨練得多了，也就無所謂危險。磨練就是學習、訓練，要想到自己正沒有機會有學習、訓練的地方，那麼，憂患的出現就等於隨時給自己提供了一個進行學習、訓練的學校，是件非常幸運的事，這就是「隨處皆我之學校也」。如果一個人每當遇到煩惱、遇到危險時，都能有這樣的態度，那麼，憂患也就自然遠去，人生將是十分灑然自得。

十九

「成功與失敗本來不過是相對的名詞。一般人所說的成功不見得便是成功，一般人所說的失敗不見得便是失敗。天下事有許多從此一方面看說是成功，從別一方面看也可以說是失敗；從目前看可說是成功，從將來看可說是失敗。」——〈「知不可而為」主義與「為而不有」主義〉

成功與失敗作為一對相對的範疇，既是人生觀，也是歷史觀。就相對性而言，成功與失敗是互為的，這種互為性有兩個角度：一是正反角度，一是時間角度。所謂正反角度，就是同一件事功，當從這個角度看時候，是成功，但當換個角度看時候，卻成了失敗；所謂時間角度，就是當眼前看時是成功，但當從將來看時是失敗。這樣，似乎成功與失敗就失去了意義，成了無所謂成功、無所謂失敗的相對主義，其實不然，無論是正反角度還是時間角度看成功失敗，並不只是一個詭辯式的邏輯問題，而是在於價值觀選擇的問題。也即成功或失敗的確定，都是依據於一定的人生價值觀或歷史價值觀。價值觀一定，則成功或失敗就是一定的。比如梁啟超曾舉譚嗣同之死的例子，戊戌變法譚嗣同接受死亡，在當時是失敗，但從推動中國進步來說，則是成功，中國終究進行了譚嗣同所奮鬥的變革。價值觀不同，則成功或失敗就會有不同的評判。人無不追求成功，但到底成功與否，就要看價值觀如何，只有符合於自己價值觀的，才是成功。價值觀是否就是正確的呢？那麼，人就不能拘泥於眼前的成功、失敗，而應該從高尚的、長遠的價值觀角度去看待眼前的事功。其實，梁啟超自己就是一個突出的例子，他一生奮鬥，有成功有失敗，他死後輿論普遍認為他的人生是失敗的，人們幾乎忘記了他，但經過幾十年後，中國經歷了劇烈的波折，人們又想起了這位先哲當年許多教誨，他的歷程和思想重新成為了無數人矚目的焦點，梁啟超獲得了真正的大成功。

二十

「可以說宇宙間的事絕對沒有成功，只有失敗。成功是表示圓滿的觀念；失敗這個詞，是表示缺陷的觀念。圓滿就是宇宙進化的終點，到了進化的終點，進化便休止，進化休止不消說是連生活也休止了。所以平常所說的成功與失敗不過是指人類活動休息的一小段落。」——〈「知不可而為」主義與「為而不有」主義〉

當從絕對的而不是相對的角度看成功與失敗時，則失敗就是絕對的，成功只是相對的。為什麼這麼說呢？如果承認世界是永遠進步、演化著，永遠不會有終結的時候，那麼，就必須要承認失敗是絕對的。世界之所以能進步、演化，就在於其沒有圓滿，也就是它還有可變之餘地。這不圓滿，就是失敗；這永不能夠的圓滿，就是永遠的失敗。如果以為會有絕對的成功，那就意味著會有絕對的圓滿，當世界絕對圓滿了，世界也就死了，而這是不可能發生的。

二一

「凡任天下大事者，不可不先破成敗之見。然欲破此見，大非易事，必知天下之事，無所謂成無所謂敗。參透此理而篤信之，則庶幾矣！」——《自由書・成敗》

見　成見，即固定不變的保守看法。
參透　領悟，看透。
篤信　忠實的相信或信仰。
庶幾　差不多。

梁啟超認為，凡是擔任天下大事的人，一定要破除通常的成敗之見。但是，要破除這一成見，並不是件容易的事情，因為，人們總是會被眼前一時的功利蒙蔽住眼睛，孜孜於當下的一得一失，放不下心來。放不下心，就難以明白所謂的成功、失敗，其實是相對的，眼前而言可說是無所謂成功、無所謂失敗。如果能夠放下心，參透這道理並堅定不移地相信它，那麼，也差不多就是個真正能夠擔任天下大事的人了。凡做大事，務必不能侷限於眼前的得失當中，而要調整自己的價值觀，從更寬廣、長遠的角度去著眼，用中國的俗語來說，就是要看笑到最後。

二二

「敗於此者或成於彼，敗於今者或成於後，敗於我者或成於人。盡一分之心力，必有一分之補益。故惟日孜孜，但以造因為事，則他日結果之收成，必有不可量者。若怵於目前，以為敗矣敗矣，而不復辦事，則遂無成之一日而已。故辦事者立於不敗之地者也，不辦事者立於全敗之地者也。」——《自由書・成敗》

惟日孜孜　每天勤勉不懈怠。

造因　佛教用語，指締造因緣。

不可量　不可計量，引申為眾多、大量。

怵　chù／ㄔㄨˋ，恐懼，害怕。

不復　不再。

對於成功與失敗，梁啟超當然是要追求成功的，但是，經過戊戌變法、身處於清末的他，更是反覆強調失敗。他對失敗的強調，是要鼓勵中國的變革者們不要害怕失敗。那麼，為什麼失敗不可怕呢？因為失敗與成功是相對的，在這件事情上的失敗意味著就是在那件事情上的成功，在今天的失敗意味著在明天的成功，在自己的失敗意味著在同志的成功，簡而言之，就是通常所說的失敗是成功之母。當一個人有了高尚的價值觀，就可以不必要在乎眼前的一得一失，就可以超越成功與失敗的糾纏，只要憑自己的心和力，去一點一滴地做事，總是會有收益的。按照佛教上的因果學說，就是只要自己天天勤勉、努力，以造因為事業，總會有結出果的收穫時刻。如果一個人陷入在害怕眼前失敗，擔心著要失敗了、要失敗了，那麼，事業就永遠不會有成功的時候的。既然有造因就會有結果，那麼，不管眼前是失敗還是不失敗，只要是做事，從最終意義上說，就是立於了不敗之地；而不去做事，那就永遠不會有成功的一日，就是立於了全敗之地。從變革社會來說，只要去做，即使眼前失敗，也終會有實現變革的成功的日子，就是立於不敗之地；不去做，改革就永遠不會有成功的日子，就是立於全敗之地。

二三

「知無所謂成，則無希冀心。知無所謂敗，則無恐怖心。無希冀心，無恐怖心，然後盡吾職分之所當為，行吾良知所不能自已。奮其身以入於世界中，磊磊落落，獨往獨來，大丈夫之志也，大丈夫之行也。」——《自由書・成敗》

希冀　盼望得到。
職分　即職責。
當為　應當的作為。
自已　自我制止、約束、抑制。
入　投入，投身。
磊磊落落　正大光明的樣子。

一個人當明白了無所謂成功、無所謂失敗，就沒有了一定想要得到成功的慾望，也沒有了害怕失敗的心理。當解除了對成功的貪欲和對失敗的恐怖，也就不會有什麼可以顧忌，一心去做按照自己職責所應該做的事情，去實行自己的良知而不會中斷。這樣就全身心地讓自己投入到世界當中，磊磊落落，獨往獨來，有了大丈夫的志氣和操守，自然就成了可以擔當大任的人。總之，當一個人擺脫了成功、失敗的糾葛心理，就可以在做事方面達到高尚的境界，具備大丈夫的志行。

二四

「丈夫以身任天下事，為天下耳，非為身也。但有益於天下，成之何必自我，必求自我成之，則是為身也，非為天下也。」——《自由書·成敗》

任天下事　擔當天下大事的責任。

自我　肯定自己，意為從自己出發，首肯自己。

耳　語助詞，相當於而已、罷了。

丈夫　即大丈夫，指有所作為的人。

梁啟超認為，擔當天下大事的大丈夫，做事的目的應該是為了有益於天下，而不是為了自己一己的利益。只要是能夠有益於天下，不必要從自己角度出發追求成功，如果從自己角度出發追求成功，就只是為自己的一己利益，而不是為了天下。不是為了天下，就違背了擔當天下大事的責任，從而也就談不上是大丈夫。

新銳文叢28　PA0065

新銳文創
INDEPENDENT & UNIQUE

梁啟超哲言錄
——給覺醒的中國

編　　著	顧則徐
主　　編	蔡登山
責任編輯	劉　璞
圖文排版	陳姿廷
封面設計	秦禎翊

出版策劃	新銳文創
製作發行	秀威資訊科技股份有限公司 114 台北市內湖區瑞光路76巷65號1樓 電話：+886-2-2796-3638　傳真：+886-2-2796-1377 服務信箱：service@showwe.com.tw http://www.showwe.com.tw
郵政劃撥	19563868　戶名：秀威資訊科技股份有限公司
展售門市	國家書店【松江門市】 104 台北市中山區松江路209號1樓 電話：+886-2-2518-0207　傳真：+886-2-2518-0778
網路訂購	秀威網路書店：http://www.bodbooks.com.tw 國家網路書店：http://www.govbooks.com.tw
法律顧問	毛國樑　律師
圖書經銷	貿騰發賣股份有限公司 235 新北市中和區中正路880號14樓 電話：+886-2-8227-5988　傳真：+886-2-8227-5989

出版日期	2013年2月　BOD一版
定　　價	350元

Printed in Taiwan

國家圖書館出版品預行編目

梁啟超哲言錄：給覺醒的中國 / 顧則徐編著. -- 一版.
-- 臺北市：新銳文創, 2013.02
面； 公分. --（新銳文叢28 ; PA0065）
BOD版
ISBN 978-986-5915-53-7（平裝）
1.梁啟超 2.學術思想 3.現代哲學

128.2 102000855

讀者回函卡

感謝您購買本書，為提升服務品質，請填妥以下資料，將讀者回函卡直接寄回或傳真本公司，收到您的寶貴意見後，我們會收藏記錄及檢討，謝謝！如您需要了解本公司最新出版書目、購書優惠或企劃活動，歡迎您上網查詢或下載相關資料：http:// www.showwe.com.tw

您購買的書名：________________________________

出生日期：________年________月________日

學歷：□高中（含）以下　□大專　□研究所（含）以上

職業：□製造業　□金融業　□資訊業　□軍警　□傳播業　□自由業

□服務業　□公務員　□教職　□學生　□家管　□其它_____

購書地點：□網路書店　□實體書店　□書展　□郵購　□贈閱　□其他

您從何得知本書的消息？

□網路書店　□實體書店　□網路搜尋　□電子報　□書訊　□雜誌

□傳播媒體　□親友推薦　□網站推薦　□部落格　□其他__________

您對本書的評價：（請填代號　1.非常滿意　2.滿意　3.尚可　4.再改進）

封面設計____　版面編排____　內容____　文／譯筆____　價格____

讀完書後您覺得：

□很有收穫　□有收穫　□收穫不多　□沒收穫

對我們的建議：________________________________

____

____

____

請貼
郵票

11466
台北市內湖區瑞光路 76 巷 65 號 1 樓
秀威資訊科技股份有限公司 收
BOD 數位出版事業部

....
（請沿線對折寄回，謝謝！）

姓　　名：________________ 年齡：________ 性別：□女　□男

郵遞區號：□□□□□

地　　址：____

聯絡電話：（日）________________（夜）________________

E-mail：____